"十三五"国家重点出版物出版规划项目

诺贝尔经济学奖获得者丛书
Library of Nobel Laureates in Economic Sciences

契约、治理
与交易成本经济学

Contract, Governance
and Transaction Cost Economics

奥利弗·E. 威廉姆森（Oliver E. Williamson） 著
陈耿宣 编译
贾钦民 达 捷 校

中国人民大学出版社
·北京·

中文版前言

我很高兴交易成本经济学总体而言正受到越来越多的关注，尤其是在中国。新古典主义的观点认为，企业是将投入转化为产出的生产函数（侧重于价格、产出以及供求），而交易成本经济学则在更为微观分析的水平上进行操作，其中所有复杂的契约都不可避免地是不完整的。交易作为分析的单位——并且在企业、市场和科层制结构之间进行有效调整——成了焦点。以前被忽略的以节约交易成本为目的的行为，现在变成了"主要事项"，继而对企业和市场组织的理解也有了更广的边界。

中国的新制度经济学研究始于 20 世纪 90 年代，并在此后迅速发展。就产权理论与交易成本经济学而言，在中国，产权理论受到了更多的关注。我的建议是，对交易成本经济学的研究和应用，会对中国带来积极的影响。

非常感谢耿宣在对交易成本经济学的推广和应用上所做的工作，我知道编译这样一本书的工作量和难度。耿宣具有活跃的思维、跨学科背景，以及在政府和企业中的实践经验，这对于理解治理机制和本书内容有巨大的帮助。

奥利弗·E. 威廉姆森
加州大学伯克利分校

前　言

作为新制度经济学的集大成者，尤其是交易成本经济学的奠基人和推动者——奥利弗·E. 威廉姆森（Oliver E. Williamson）将交易成本的概念纳入一般分析中，使得其更具"操作性"。他被誉为重新发现科斯理论的人，至少是由于他的宣传功劳，才使科斯的交易成本学说成为现代经济学中重要的一派，汇聚了包括组织理论、法学、经济学在内的大量学科交叉和学术创新，并逐步发展成当代经济学的一个新的分支。瑞典皇家科学院将 2009 年诺贝尔经济学奖颁给了威廉姆森，以表彰"他对经济治理的分析，特别是对公司的经济治理边界的分析"，并对他的贡献这样描述：对回答为什么某些经济交易发生在市场，而某些类似的交易却又发生在企业内部，提出了一个理论，并告诉我们如何处理通过组织内部还是市场化方式实现决策控制权这一人类组织中基本的选择问题。

威廉姆森的学术研究具有鲜明的实践性和跨学科特征。正如他自己所说的那样，"当我回顾我所研究过的课题时，我感到实践十分重要"。这一点在他的论文和著作，以及对学生的指导和交流中，都有明显的体现。他在对经济组织和治理机制的研究中包含了经济学、组织学、法学以及社会学的研究内容，他自己也在经济学、管理学和法学领域担任教授。在我看来，务实和跨学科这两个特征对于交易成本经济学的建设和发展是至关重要的，也是交易成本经济学取得重大突破和产生重大价值的有力保证。除此之外，研究交易成本经济学的另一大特点，无疑就是强调微观视角，呼吁重视经济分析中的微观基础。对于交易成本经济学的研究方法，他这样总结："用一种同时具有微观分析、比较制度和节约取向的方式来考察经济组织"。对上述三个特征的体会，也贯穿于我在加州大学伯克利分校研究期间与他的每次交流和讨论。相信读者在对本书的阅读中也会有较强感受。在此，我也坚持认为，以微观分析视角、注重跨学科研究及围绕实践为基础，对帮助我们获得有价值的经济学研究成果而言，是非常有益的学术习惯。

威廉姆森的交易成本经济学对经济组织的现代研究具有重要的意义，而威廉姆森的学术研究成果颇丰，但对于想了解或是更深入地探索其理论思想的人来说，无疑面临很大选择、搜集、阅读工作量。然而，将一个有价值的学术理论进行传播，是一件非常有意义的工作。因此，经与威廉姆森本人多次交流以及他本人的推荐，在他的众多论文中围绕经济组织的现代研究，选取了其中的7篇重点文章，形成此书。

为进一步推动威廉姆森学术思想和交易成本经济学理论在中国的传播和发展，我有了编译此书的计划。本书起名为《契约、治理与交易成本经济学》，源自威廉姆森以契约视角研究经济现象并将经济组织问题还原为契约的治理。虽然威廉姆森的这些文章已经问世多年，但是其中的大多数理论对今天的经济学研究仍具有极高的学术价值。针对经济组织的研究和分析，其价值我想这样陈述：交易——对交易的契约视角分析；治理——治理结构下经济组织的现代研究；交易成本经济学——一个有广阔应用前景的新的经济学研究分支。这也是本书的价值所在。

除经济史研究的分支外，新制度经济学主要沿着两个互补的方向发展：产权理论与交易成本经济学。在二者中，产权理论发展更为迅速；交易成本经济学已初具规模。中国的新制度经济学研究兴起于20世纪90年代，中国的学界更多关注产权理论，威廉姆森建议对交易成本经济学应有足够的重视，并相信，中国将从交易成本经济学的研究和应用中受益良多。

对于治理理论的应用，诚如威廉姆森一直呼吁的，该理论不仅在产业组织领域有许多应用，而且在劳动、财政、比较经济制度、经济发展和改革等经济学领域也有广泛的应用。在企业管理中，其表现在战略、组织行为、营销、财务、运营管理和会计等领域。在社会学、政治学、社会心理学、法学等方面，该理论的研究也已经取得了一定的突破。如此广泛的覆盖范围，是因为任何问题都源于或可以转化成一个契约问题，并可通过对交易成本做出比较分析，实现一般化的应用。

　　交易成本经济学最重要的贡献是对现代经济组织的研究。交易成本经济学常因其名称而被理解成像旅游经济学、劳动经济学等经济学的一个小的分支，然而在我看来，它其实是科斯"本来就应该是的那种经济学"中的重要组成部分，同时也是使得那种经济学变得可操作化的核心部分，它是对交易成本普遍存在的真实世界进行经济分析的基础性工具。

　　最后，在一名一直关注中国经济改革发展实践的研究人员看来，交易成本经济学在中国经济发展实践中的研究有非常大的应用空间。一个深有启发的思考是，既然市场机制是有成本的，那么中国特殊的经济组织结构，虽然从古典经济学理论看来是市场低效的，但在节约交易成本上，或许是有效率的或是有比较优势的，从而为解释中国在不够完全市场化的情况下造就经济奇迹找到一个理论依据和研究起点。交易成本经济学在中国经济改革发展实践经验上的应用，也是本书所倡导的。

陈耿宣

北京大学光华管理学院

致　谢

我们感谢以下这些期刊允许我们重新印刷本书中涉及的章节：

1. Transaction Cost Economics: The Natural Progression. *American Economic Review* 100 (June 2010): 673-690.

2. The Lens of Contract: Private Ordering. *American Economic Review* 92 (May 2002): 438-443.

3. Calculativeness, Trust, and Economic Organization. *The Journal of Law and Economics*, Vol. 36, No. 1, Part 2, John M. Olin Centennial Conference in Law and Economics at the University of Chicago (April 1993): 453-486.

4. The Theory of the Firm as Governance Structure: From Choice to Contract. *Journal of Economic Perspectives*, Vol. 16, No. 3 (Summer 2002): 171-195.

5. Pragmatic Methodology: A Sketch with Applications to Transaction Cost Economics. *Journal of Economic Methodology* 16 (2009): 145-157.

6. Transaction Cost Economics: How It Works; Where It Is Headed. *De Economist* 146 (1998): 23-58. Kluwer Academic Publishers.

7. The New Institutional Economics: Taking Stock, Looking Ahead. *Journal of Economic Literature*, Vol. XXXVIII (September 2000): 595-613.

目　录

交易成本经济学：一个自然的演进[*]

　　我和其他一些学者所从事的研究课题被学术界冠以"治理经济学"、
"组织经济学"或者"交易成本经济学"等不同的名称。正如在本文的
第 1 节所介绍的一样，治理（governance）是一个总体的概念，而交易
成本经济学则是将可操作化的内容（operational content）引入治理和
组织的主要手段。我之所以进入这一研究领域，主要是因为罗纳德·科
斯（Ronald Coase）在 1937 年提出的问题：企业是基于什么样的原因
来决定究竟是自己生产一种产品或服务，还是从外部购买？我在 1971
年发表的论文《生产的纵向一体化》（The Vertical Integration of Pro-
duction）针对这一研究领域中的问题进行了初步的探讨，并且为后来
的进一步研究打下了基础，这些研究在后来被称作交易成本经济学。本
文的第 2 节介绍了这篇论文的主要内容。本文的第 3 节介绍了有关交易
成本经济学的一些基本知识。而第 4 节简单探讨了完善有效治理逻辑及

　　* 这篇论文受益于早期我在加州大学伯克利分校向同事和学生所做的相关介绍，以及随后
我与史蒂芬·塔德利斯（Steven Tadelis）的交流。如果没有以下因素的帮助，我甚至可能不
会从事这个领域的研究：（1）我在卡内基梅隆大学（在这里，经济学和组织学是合在一起的）
所接受到的跨学科训练；（2）我在美国司法部反垄断局作为局长特别经济助理的经历（这些
经历帮助我意识到在执行反垄断的研究中，需要将经济学和组织学结合起来应用）；（3）当我
恢复执教之后，我能够有机会在宾夕法尼亚大学和我的学生们一起，针对相关的问题进行深
入研究（教育本身就是一个学习过程，特别是当学生们都认同研究项目的时候）。
　　原文 "Transaction Cost Economics：The Natural Progression"，载于 *Journal of Retai-
ling*，2010，86（3），pp. 215-226。

其所面临的困难和挑战。最后第 5 节是相关的结论。

1. 一个概述

至少对于经济学家而言，一旦将治理和组织作为分析对象，它们就会变得非常重要。正如在这里所介绍的一样，将可操作化的内容注入治理的概念，我们需要通过"契约"（contract）视角来研究经济组织的结构，而不是通过新古典经济学的"选择"（choice）视角。当然，我们需要认识到，这是一个跨领域的研究课题。在这里，经济学与组织学的理论（以及后来的法律）相互融合，同时引进迄今为止一直被忽略的交易成本这一概念。这样做的主要目的是建立一个可预测的经济组织理论。而对企业纵向一体化谜团的研究，就是一个显而易见的出发点。

1.1 治理

虽然在微观经济学教科书中并没有明确定义有效治理的概念，但是作为 20 世纪上半叶主要的制度经济学家，约翰·R. 康芒斯（John R. Commons）还是这样描述经济组织所面临的问题："基本的行为单位……本身必定包含三个原则，即冲突、相关性和秩序（conflict, mutuality, order），这一基本单位就是交易"（Commons, 1932, p. 4）。在这之后，由此康芒斯建议"经济学理论应当以交易本身、交易规则、组织问题以及组织行为……稳定化（的方式）作为中心问题"（Commons, 1950, p. 21）。

新古典经济学主要从资源配置的角度来定义经济学的理论。与新古典经济学相比，康芒斯的理论有以下两个重要的不同：第一，康芒斯的理论非常看重企业的组织结构和契约关系的持续性，而新古典经济学家们的理论并不着重研究这些问题。相反，他们更加看重价格与产出、供给与需求。第二，在 20 世纪，价格理论是经济学理论研究的主导范式（Reder, 1999, p. 43），制度经济学由于未能成功地发展出大量可供预测和检验的实证研究而不受重视，并主要被归为经济思想史的范畴（Stigler, 1983, p. 170）。尽管拥有不少忠实的信徒，但是制度经济学的研究本身却进入了一个"死胡同"。

这并不意味着制度经济学本身缺乏好的思想。康芒斯提出的冲突、相关性和秩序三要素，预先定义了本文所说的治理的概念，即治理是一种手段，通过这个手段可以向企业注入秩序，缓和冲突，并实现互利。进一步来说，交易成了最基本的分析单位。

詹姆斯·布坎南（James Buchanan）随后区分了从两种不同视角出发研究经济组织的方法，即选择视角和契约视角。他认为，经济学作为一门学科，如果仅从选择性以及与之相关的最优化的角度去研究，是会犯错的（Buchanan，1975，p. 225）。如果"通过自发性交易取得互利……是经济学中最基本的共识"（Buchanan，2001，p. 29），那么，通过契约视角来研究经济学的手段就是一种没有得到充分利用的方法。

在过去的 35 年中，经济学界对使用契约视角方法的兴趣日益浓厚，相关研究包含了那些强调事前激励安排的理论（代理理论/机制设计、团队理论、产权理论），以及强调事后契约关系治理的理论。交易成本经济学是一种事后的治理结构，主要研究对象是那些被康芒斯所关注的交易，即对合作关系的持续性（或终止）给予特别重要性的那些交易。与在理想状态下的简单市场交易（不含连续性的交换关系）相比，这些交易在法律和经济学上有何不同？其治理的表现形式又是怎样的？

要解答这些问题，需要通过比较契约理论来重新阐述经济组织问题，包括：（1）根据交易的不同命名关键属性；（2）描述不同治理模式（市场制和层级制是其中的两种）的属性集；（3）通过引入有效匹配的假设，将前两部分结合起来；（4）由此可以应用于有效的预测，并进行实证检验；（5）最后，可以得出有关公共政策的结论。在此之前，先介绍和阐述与契约相关的人类行为的各种特征。

1.2 组织

新古典企业理论把企业看作一个黑箱，这个黑箱利用技术上的条件将投入转化为产出。然而，根据哈罗德·德姆塞茨（Harold Demsetz，1983，p. 377）的观察，将投入转化为产出并不是一个企业组织结构的全部目标："如果将（古典）经济理论上的企业和真实世界中的同名物混为一谈，将是一个错误，新古典经济学的首要使命就是弄清价格机制如何在资源配置中发挥作用，而非真实企业的内部运作。"

虽然德姆塞茨并不主张通过将经济学与组织学的理论相结合去研究真实世界中的企业和市场组织，但是在我看来，这恰恰是研究需要的，同时也是一个机会。这也在很大程度上得益于我在卡内基梅隆大学工商管理学院（1960—1963 年）所接受的博士教育。这一社会科学领域非凡的跨学科教育让我认识到，组织理论应当与经济学相结合。[1] 在这其中，赫伯特·西蒙（Herbert Simon）、詹姆斯·马奇（James March）和理查德·希尔特（Richard Cyert）等人对于推动跨学科经济组织研究，起到了尤为重要的作用。[2] 一些基本概念，包括有限理性、目标规范[3]、跨期规律（组织在此拥有"自己的生命"）、至关重要的适应（adaptation）、日常流程中操作部门间的依赖，以及更一般而言的"复杂性架构"，对于深入理解不完全缔约和复杂经济组织至关重要。毫无疑问，在卡内基梅隆大学开展契约关系治理的研究，一定会采用跨学科方式。

1.3 交易成本

科斯在 1937 年的经典论文《企业的性质》（The Nature of the Firm）中，首先将交易成本的概念与企业和市场组织研究联系起来。当时，科斯还很年轻（仅有 27 岁），但是他就已经发现了在有关市场和企业的教科书中存在着一个非常严重的缺陷。当把企业和市场看成是"协

---

[1] 雅克·德雷兹（Jacques Dreze）的声明代表了我的观点，我同时也相信这代表了许多其他人的观点，"我在来到卡内基梅隆大学之前，在思想上从来就没有经历过如此的兴奋"（Jacques Dreze，1995，p. 123）。在卡内基梅隆大学的教师和学生中，诺贝尔经济学奖得主包括赫伯特·西蒙、弗兰克·莫迪利安尼（Franco Modigliani）、默顿·米勒（Merton Miller）、罗伯特·卢卡斯（Robert Lucas）、爱德华·普雷斯科特（Edward Prescott）以及费恩·基德兰德（Finn Kydland）。

[2] 卡内基梅隆大学经济学教授有关经济学和组织学的经典著作包括：*Models of Man*（Simon，1957b）、*Organizations*（March and Simon，1958）和 *Behavioral Theory of the Firm*（Cyert and March，1963）。

[3] 一种引入组织因素的方式是，用各种形式的"经理自主权"，如销售最大化（Baumol，1959）、增长最大化（Marris，1964）或者费用偏好（Williamson，1964）等标准来取代新古典的利润最大化假设，由此改变企业的目标函数。这种引入"真实动机"的努力只得出很少的预测，并且只有少量实证检验。

调生产的替代方法"（alternative methods of coordinating production）的时候（Coase，1937，p. 388），科斯发现，对于被采用的那一种方式，不应当认为是既定事实（当时普遍盛行的方式），而是应被合理推导出来的。因此，Coase（1937，p. 389）建议经济学家应该：

> ……弥合（标准）经济理论的以下两个假设之间的鸿沟：一是（出于某些目的）要素通过价值机制进行配置的假设；二是（出于另外的目的）通过企业家之间的协调配置要素的假设。我们必须说明的是，在实践中，对这两种方式做出选择的根本的依据。

这其中缺失的部分就是"交易成本"的概念。

科斯的这一发现在当时并没有引起多大反响（Coase，1988，p. 23），并且在随后的 20 年中，也没有被广泛关注。在这期间，没有人来挑战零交易成本的假设条件。直到 20 世纪 60 年代，两篇重要文章的发表才改变了这一状况。一旦人们放弃了零交易成本的逻辑，原来这个标准假设所掩盖的一些未被认识到的内容便展现在人们面前。

第一篇文章是科斯 1960 年发表的《社会成本问题》（The Problem of Social Cost）。在这篇文章中，科斯从契约的角度重新阐述了外部性问题，并且完善了零交易成本逻辑推理，于是，产生了一个令人惊讶的结果：庇古（Pigou）的观点（也是当时绝大部分经济学家的观点），即为了约束那些对他人带来危害（通常被称为外部性）的行为，就需要一些政府的干预（通常的做法是征税），是不正确的（Coase，1992，p. 717）。[①] 因为，如果交易成本为零，那么无论初始产权的安排如何，侵权交易的双方都可以通过无成本的谈判获得一个有效率的结果。这样的情形无异于"皇帝的新装"，也就是说，那些所谓的外部性或者其他方式表现的矛盾就都将毫无成本地消失。这显然很荒谬，但其包含的真正信息是："应当研究存在正交易成本的真实世界"（Coase，

[①] 芝加哥学派虽然对过度使用外部性观点持有重大保留态度，但也反对科斯的"交易成本为零的时候外部性会消失"的观点。关于科斯和芝加哥学派的讨论，参见 Edmund Kitch（1983，pp. 220—221）。

1992，p. 717）。① 肯尼斯·阿罗（Kenneth Arrow）1969年发表的《经济活动的组织：关于市场配置和非市场配置之间选择的争论》（The Organization of Economic Activity：Issues Pertinent to the Choice of Market versus Non-market Allocation）的文章也表明了交易成本假设存在的必要性。这种需求来源于两个方面，一个是市场失灵，另一个是中间产品的市场缔约："纵向一体化的存在说明，竞争性市场的运行成本并不像我们之前的理论通常假设的那样等于零"（Arrow，1969，p. 48）。

然而，尽管完善零交易成本的逻辑揭示了对正交易成本正式考虑的需求，但又带来了三个新的问题：第一，一旦打开企业和市场组织的"黑箱"而透视其中，这个黑箱就变成了潘多拉的魔盒：正的交易成本好像无处不在。这就像是一个诅咒，使得交易成本获得了"当之无愧的坏名声"：交易成本好像可以被用来解释任何相关的问题（Fischer，1977，p. 322）。第二，并不足以表明某些类型的交易成本是值得考虑的，除非是那些存在于不同模式（市场制和层级制）之间的交易成本，否则从比较契约的视角来看，并没有什么实质意义。第三，需要透过比较契约的方式将交易成本嵌入一个概念框架，用于推导可供实证检验的各种预测。因此，在交易成本的关键特性，以及为交易成本这一迷人的概念提供可操作内容方面，仍存在大量尚未满足的需求。

2. 生产的纵向一体化

我曾经称之为"卡内基三要素"（Williamson，1996，p. 25）的主要内容是：良好的训练、跨学科、活跃的头脑。良好的训练是指严肃对待你所选择的核心领域，并且根据其自身的特点展开研究；跨学科意味着利用相邻学科，也就是说，跨越学科边界，对现象进行研究；活跃的头脑要求善于提出问题"这里发生了什么？"而不是简单地认为"哦，

---

① 并非每个人都同意这一观点。一些经济学家使用"科斯定理"（Coase，1960，前15页）来表示，无成本的谈判准确地描述了现实中的缔约。然而，科斯在该论文随后的29页里却向我们揭示，不仅交易成本为零的假设是错误的，而且还削弱了我们对于复杂经济现象的理解。如果要准确理解真实世界中所发生的外部性和契约现象，就必须考虑正交易成本的情况。科斯在诺贝尔经济学奖获奖演讲中再一次强调了这个观点才是其本意（1992，p. 712）。

就是这样规定的"。① 虽然我并没有在卡内基梅隆大学（或其他地方）学过任何一门有关产业组织的课程，但在此学到的"卡内基三要素"使我的学习和工作受益匪浅，尤其是当我开始工作并确定将企业组织理论作为研究方向的时候。

科斯将 20 世纪 60 年代主流的产业组织理论统称为"应用价格理论"（Coase，1972，p. 62），我同意这样的说法，但是需要在一定的条件下它才成立。这种"结构-行为-绩效"范式在哈佛学派的相关研究中也起到了重要作用。学界着重研究了市场的组织结构（特别是有关企业数量、规模分布以及进入市场的内容），但是企业本身的组织结构却被忽略了。原因在于，我们总是根据技术法则将企业看作将投入转化为产出的生产函数。这种理论对公共政策的建议就是：除非缔约规则和组织结构的设立具有明显的物理或技术基础，否则任何新的非标准契约和组织都将被认为是存在严重问题的，而且可以推定为是反竞争的。②

从投入和产出的角度来进行分析是当时比较流行的学术导向，和这种相对片面的观点相比，卡内基梅隆学派认为，契约和组织的变化同样符合效率目标。在我 1966—1967 年在美国司法部反垄断局担任局长特别经济助理期间，尤其是需要对史温（Schwinn）公司案的一项早期摘要发表评论时，这种分析视角的差异给我留下了极其深刻的印象。史温公司是一个自行车生产商，它向其非独家特许经营厂商在经销方面提出了一些限制条件。史温公司的案例是有关纵向市场限制的问题，而反垄断局的案例摘要认为史温公司的做法是反竞争的。对此，我持谨慎观点。这不仅是因为当时我并不清楚史温公司的限制条件是否具有反竞争的实际效果，更重要的是，可以认为史温公司的限制条件实际上改善了其特许经营的完整性，无论这一结果是一种附加效果，还是企业另有相反的目标都是如此（Williamson，1985，pp. 183-189）。史温公司一案的主

---

① 关于这些差异的讨论，请参见 Roy D'Andrade（1986）。

② Coase（1972，p. 67）把当时流行的"垄断论"描述为：对垄断问题的偏见造成的重大结果就是，如果经济学家发现了什么他不懂的事情（不管是这类还是那类的企业活动），那就一言以蔽之，统称其为垄断。只要我们在这个领域还处于无知的状态，就必定有大量难以理解的商业行为，也就频繁地诉诸垄断论来搪塞。

要审理人认为，该案完全适用于"当时经济学界关于销售限制的通行观点"（Posner，1977，p. 1）。这个关于反竞争的结论在当时美国高等法院庭审中也取得了胜利。[1]

基于我在史温公司案和其他案件中所看到的断章取义和有缺陷的分析推断[2]，当我回到宾夕法尼亚大学任教时，我决定重新研究有关纵向一体化和纵向市场限制的问题。我和我的研究生们一起查阅了大量文献，包括一些非常优秀的文章（Fellner，1947；McKenzie，1951；Stigler，1951），但总的来看，有关组织经济学的理论在其中的作用微乎其微。于是，我决定从经济学和组织学相结合的角度，来重新审视纵向一体化问题。

我的论文《生产的纵向一体化：市场失灵的考察》（The Vertical Integration of Production：Market Failure Considerations），与传统理论相比，有以下几个方面的不同：（1）通过契约视角而不是传统的选择视角来分析经济组织问题；（2）通过有限理性的概念描述认知能力，所以，所有的复杂契约都是不完的；（3）预先考虑了策略行为（一种背离合作精神的行为），如果相关利益足够大，外部购买商品或服务便会受到冲击；（4）将适应作为经济组织主要的效率目标；（5）区分了通用资产投资和专用资产（specific asset）投资，专用资产使得交易双方发展出一种双边依赖（bilateral dependency）关系。综合上述内容，我得出的结论是：如果交易涉及的是通用资产投资，那么简单的市场契约关系就能够有效满足中间产品的市场交换；但是，如果交易涉及的是专用资产投资，交易各方将形成一种双边依赖关系（以及由此导致的代价高昂的不适应风险），那么层级制（hierarchy）将更具优势。

虽然我这篇论文的本意是想将其作为一项独立的工作来帮助我们解决有关企业界限的问题，并且拓展我们对纵向一体化的理解，但是，其

---

① 有趣的是，随着"流行观点"的局限性越发明显，在 10 年之后，美国高等法院推翻了对史温公司案的裁决。

② 然而，我并非在说我总是持不同意见。20 世纪 60 年代后期，在反垄断局工作的领导和同事的专业水平都是最高的。

结果却是使得纵向一体化成为后来研究复杂契约和经济组织的一个范式。不完全契约（incomplete contract）、双边依赖（由于资产专用性），以及当契约遇到重大扰动（由于过高的相关利益）时出现的交易双方没能及时协调获得适应而导致偏离等情况，使我的工作可以在非常广泛的范围内获得类似的应用。这些现象可被看作同一个问题的不同表现形式。

分析这类问题的首要技巧是从契约的视角来考察各类现象，这种方法对于很多现象都是容易理解的，但是对于一些其他的问题，我们需要利用契约的语言来重新描述。当然，这仅是简单的第一步。关键概念必须具备可操作性，并建立一个可预测的理论模型，同时，随着一些空白点和忽略的内容被人们不断发现，交易成本的推理逻辑也需要不断完善。前两个问题在第 3 节中有所介绍，而第 4 节介绍了最后一个问题。

3. 基本内容

一旦意识到这种经济组织研究方法的广泛应用性，我们就需要更加系统地建立该方法的基础结构和逻辑关系。这些基础知识可以分为三个部分：关键的概念转变、操作层面的关键改变，以及实际应用。这三个部分的共同特点是，需要在更加微观的层面分析经济组织。这与西蒙的观点是一致的：

> 在物理科学中，当发现测量误差和其他干扰与所研究的对象处于同一个数量级时，人们采取的措施并不是通过统计学的手段来争取在实验数据中获取更多的信息。相反，需要找到能够让我们在更加精准的水平上测量研究对象的方法。显然，对经济学而言，就需要在更加微观的层面获取新的数据（Simon，1984，p. 40）。

以下是简要的概括。

3.1 概念的转变

这里，将阐述的基本的转变是：（1）人类行为的特征；（2）适应；（3）契约法（contract laws）。

行为人。 如果"在设定我们的研究议程并形成自己的研究方法过程中，没有什么比我们对所研究的人类行为本质的看法更具基础性"（Simon，1985，p.303），那么，社会科学家将不得不回答什么是人类的认知过程、什么是自利，以及什么是其他行为特征的问题。而这些正是社会科学研究的基础所在。

被西蒙（Simon，1991，1957）形容为像"北极星"一样具有指导意义的行为假设就是有限理性，他将有限理性描述为："意图理性地行动却只能实现有限度的理性"（Simon，1957a，p. XiiV）。人类行为的特点，正如这里所描述的一样，既不是高度理性的，也不是非理性的，只是在处理非常不完全的复杂契约的时候，从普遍意义上表现出一种理性的状态而已。

尽管并不完备，交易成本经济学还是为"可以预见的未来"做了一些准备。正如乔治·舒尔茨（George Schultz）所描述的那样，"即使经济学和公共政策这二者之间并没有显著的联系，但是，我在经济学领域所接受的训练，还是在很大程度上影响了我考虑公共政策问题的方式。这些训练教导我们需要进行超前的考虑，关心那些间接的影响，并且关注并不直接与所考虑的问题相联系的变量"（Schultz，1955，p.1）。我将在第4节描述完善交易成本经济学逻辑性的时候，再讨论这一话题。尽管这种"可以预见的未来"并未得到充分发挥，但我在这里还是发现有很多经济学家和社会科学家已经开始运用这一概念（Michels，[1911] 1962；March and Simon，1958）。

对于西蒙将自利描述为"脆弱的动机"，我的理解是，大多数人都会按照他所说的去做（有的人还会做得更多），但是他们却没有刻意地去思考期望的贴现净收益较之付出的努力是否有效。即使他们做出了低效率的行为，那也是正常失误或由一些令人困惑的情况所导致的。因此我认为，人们日常的行为体现了多数人多数时候的行为，并且大多数人的行为（非策略性行为）均是善意的行为。

对于"多数时候"发生什么的准确描述虽然是十分有必要的，但是针对人类的普遍行为特点，特别是在组织结构中的行为特点，更有意义的发现却并不存在于这些日常行为中，相反，存在于那些意外事件中。事实上，一旦好的惯例树立起来，管理的主要职能就是处理意外。对于外包的情况，当契约的不完全性以及随之而来的干扰让缔约双方产生偏离契约的行为时，这种意外就会发生。此时，如果是出于"机会主义动机"，而不是那些"脆弱的动机"，并基于信息的不对称性、双边依赖、弱产权，以及诉诸法律执行契约的高昂成本等因素，将引起企业策略方面的考虑增加。

适应。组织学家切斯特·巴纳德（Chester Barnard）和经济学家弗里德里希·哈耶克（Friedrich Hayek）都认为，经济组织的主要目标就是适应。然而，他们对适应有着不同的理解。由于巴纳德并没有在相关的社会科学领域中找到能够描述他自己所亲身经历的那种企业的内部组织结构（层级制），于是他从内部管理的基础上进行了理解。在其开创性的著作《经理的职能》（*The Functions of the Executive*，Barnard，1938）中，巴纳德认为，企业通过管理手段，"自觉、慎重和有目的"地实现了协调性适应（coordinated adaption，Barnard，1938，第1章）。与之相反，哈耶克强调"市场的奇迹"（Hayek，1945，p.527），认为通过对市场价格变化做出反应，可以有效地实现自发性适应（autonomous adaption）。

治理经济学面临的挑战在于，既要承认两种适应的重要性，又要有选择地运用它们。传统经济学理论认为，市场制和层级制两者间只能选择一种，不能并存。然而，交易成本经济学认为，这两种模式都是可供选择的治理模式。在一个有效运行的经济体当中，这两种模式都发挥着独特的作用。于是，一直以来饱受争议的层级制模式才获得了与"市场的奇迹"同等地位的对待，接下来的问题就在于如何有效率地利用这两种治理模式。

契约法。卡尔·卢埃林（Karl Llewellyn）作为美国现实主义法学运动领袖，反对用一种万能的契约法来作为所有契约问题的标准做法，引入了主要通过私人秩序（private ordering）来执行"契约框架"（contract as framework）的思想，从而超越了将"契约是（通过法庭来执行的）法律规则"的概念。具体地，"法律合同（legal contract）最重要的地方是，它提供了……一个高度可调节的框架，虽然这个框架可能从来都不能精确说明真实发生的情况，但是，它提供了使各种真实发生的关系围绕其变动的一个大致说明，当人们遇到疑惑时，它可以提供必要的指导；当契约关系实质上终止时，它可以作为诉诸法律的标准"（Llewellyn，1931，pp. 736-737）。最后这一条非常重要，因为这种最终法律判定权的规定能够帮助法庭确认威胁立场的界限。相对于那些严格的法律规定来说，这种法律合同作为一种框架概念使契约变得更有弹性，从而使得契约双方能够通过协作的方式支持更加广泛的交易关系。在契约法中，有关宽容部分的体制，和上述的观点有相同的来源。这些将在下一节以及关于完善正交易成本推理逻辑的部分有更多的论述。

由此，我们足以看到，（自发性或协调性）适应是经济组织的核心目标；并且，有效的治理模型在契约法方面也有所不同。

3.2 操作层面的关键改变

操作层面的关键改变包括：（1）确定分析单位的属性；（2）确定治理模式的特征；（3）提出有效匹配（efficient alignment）假说。

分析单位。 被用于研究组织的分析单位有很多，但是很少有人对这些分析单位的属性加以界定。交易成本经济学在这里采用康芒斯的观点，将交易作为基本的分析单位（Commons，1932），这一点也得到了科斯的认同（Coase，1937，1960）。基于节约交易成本的考虑，交易的重要维度包括：（1）交易本身的复杂程度；（2）资产专用性（asset specificity）的状况；（3）交易主体所面临的干扰程度。在这三项中，对于理解契约关系中的治理模型而言，资产专用性以及交易的外部干扰程度更为重要，因为针对这两项内容，我们需要对没有预先设定适应程序的情况采取应对措施。[1]

---

[1] 注意，交易的复杂程度在如下情况中非常重要：由于有限理性，所有的复杂契约都是不完全的。然而，并不是所有的不完全性都是必然的。我所论及的这种必然的不完全性主要是指，当重点考虑资产专用性和不确定性时，在交易双方的筹码都比较高（因为双方是相互依赖的）的情况下，发生外部干扰的时候所必然发生的不完全性。非必然的不完全性是指那些应用卢埃林的作为"契约框架"的方法就可以很好解决的情况，当然，这也需要有值得信任的缔约机制来支持。而且，这里也需要说明，随着交易本身所包含的特征数量（精确性、关联性、兼容性）的增加，以及双方针对这些特性需要相互适应的情况的增加，交易的不完全性将恶化；并且，随着影响这些特征的干扰不断加强，以及契约时间延长而增加的干扰，也将使不完全性的情况更加恶化。

尽管雅各布·马尔沙克（Jacob Marschak）曾经敏锐地提出了相关人员和位置的特殊性问题，并且发现"那些独特的或非完全标准化的商品……的问题在教科书中被漏掉了"（Marschak，1968，p.14）。然而，资产专用性问题直到交易成本经济学开始被人们广泛研究的时候才变得明显起来。资产专用性包括物理特性、人员、场地、专项资产、品牌资源的专用性以及临时性专用资产的形式等。与资产专用性相关的是，不同类型的风险产生于不同的资产专用性，而这又会带来组织形式的重要变化。然而，不管这些特殊条件如何，与专用资产投资相关的在交易活动中最基本的规律性是：在不损失生产价值的情况下，专用资产不能够被配置到其他用途，或者转移给其他使用者（Williamson，1971，1975，1976，1985；Klein，Crawford，and Alchian，1978）。

对资产专用性而言，跨期因素相当重要。因此，虽然某些资产专用性在一开始时就很明显，但另外一些资产专用性则需随着契约的执行逐渐发展出来（例如，因"干中学"而形成的人力资产专用性就是后来产生的）。不管这些资产专用性来源如何，都具有上面所涉及的不可再次配置的特性。这种特性促进了以下情况的发生：在一开始的时候，会出现很多竞争者前来竞标，随着交易达成和合作的开始，竞争对手将会变少，而交易的双方变成了一种双边依赖的互惠合作关系。在这种合作关系的转换过程中，完全竞争的市场功效遭到了削减，取而代之的是交易双方的长期契约（得到可信的承诺的支持），或者在少数情况下，变成了在连续生产阶段依赖于层级制的统一所有权（unified ownership）的治理结构。①

治理模式。 市场制和层级制是两种最主要的治理模式。科斯在他1937年的论文中认为这两种模式是处于两极的对立模式，而我在《生产的纵向一体化：市场失灵的考察》中认为它们是两种可以相互替换的

---

① 注意，由于资产的特殊性是一个设计出来的变量，我们可以通过重新设计所需要产品或服务的形式来降低资产的专用性特征。当然，这需要牺牲一部分产品或服务的性能（Riordan and Williamson，1985）。还要注意，基于简化分析的考虑，我们主要研究个体（双方）交易行为。在群组交易行为中，交易的顺序也将成为重要因素，这时候，我们就需要引进实时协调系统。（参见下文的脚注。）

模式。这也完全符合实用主义方法论的首要原则：保持简单（Solow，2001，p. 111；Friedman，1997，p. 196）。需要说明的是，交易成本经济学随后引进了一种混合治理模式（Williamson，1991；Menard，1996），进一步超越了中间产品市场交易的范畴，被应用于解释和交易成本相关的很多商业（或非商业）现象。

描述不同治理模式（市场制和层级制就是其中的两种）的重要指标包括：激励强度、行政控制以及契约法制度。在完全自主的情况下，当企业可以获得所有净收入的时候，激励强度比较高，而在成本加成的情况下，激励强度就相对较弱；如果对于连续生产阶段的统一所有权，或是需要依赖一个共同的"老板"来进行协调和解决争端，那么行政控制是强的；而在诉诸法律规则（法庭命令）的情况下，契约法制度是强的，但是在争端主要通过私人秩序进行解决时（企业自身就是争端的最终上诉"法庭"），契约法制度就是弱的。

假定上述三个有关治理模式的维度都可以在两个取值之间选择：0代表弱，1代表强。先考虑两种极端模型（市场制和层级制），则将有 $2^3 = 8$ 种组合。那么，哪种组合能够描述市场治理模式，而哪种组合能够代表层级治理模式？正如我在其他地方（Williamson，1991）所讨论的那样，市场制的特征是：强激励、（各生产阶段结合部上）弱控制，以及强的契约法（法律规则）支持。比较而言，层级制的特征是：弱激励、强控制，以及弱契约法［自制法（forbearance law）］。由此可见，市场制和层级制是对立的两极。

有效的匹配。交易成本经济学借助于有效匹配假说来预测特定交易的走向，即每一项交易都具有不同的属性，并且需要匹配它所对应的治理结构，以实现（主要是）节约交易成本的目的，而这些治理结构也都具有不同的成本水平和竞争力。其基本的预测是：对于那些不存在资产专用性、适应需求得到确保并可自主实施的一般性交易，在市场中可以实现，这种交易代表了法律和经济学上理想的交易状态；相对地，对于那些涉及大量专用性资产投资而且（由于有限理性）受到契约不完全性限制的交易，可以预见，随着双方在交易中相关利益的增加，双方的合作一定会出现缺陷，一旦遇到重大干扰，双方就有可能产生背离行为。对于这种交易，通过引进层级制实现统一所有权来实施协调性适应将会非常有效。

3.3 应用

当以下情况发生的时候，经济学理论将具有更大的意义：（1）依靠数据得出预测（实证检验。——编译者注）；（2）研究课题的演化；（3）公共政策的产生和展示。

实证检验。 交易成本经济学不仅可用于预测，也可用于进行实证检验。2006年，有关交易成本的实证检验数量超过了800次，其结果也得到了广泛的验证（Macher and Richman，2008）。诚然，"在30年以前，获取相关数据（主要是微观分析类）是个难以逾越的障碍，而现在，交易成本经济学已经建立在一个广泛的实证检验基础之上"（Geyskens，Steenkamp，and Kumar，2006，p. 531）。不可否认的是，因其在实证检验中所取得的成果，交易成本经济学已经变得越来越有影响力（Whinston，2001）。

研究课题的演化。 交易成本经济学不仅可以广泛地应用于产业组织领域，也适用于许多经济学本身的应用领域，包括劳动经济学、财政、比较经济体制以及经济发展和改革等；还可以在战略管理、组织行为、市场营销、金融、运营管理以及财务等工商管理领域有效应用；在相邻的社会科学领域，尤其是社会学、政治学、社会心理学和法学，也得到了广泛应用。交易成本经济学之所以能够得到如此广泛的应用，其主要原因就是任何以契约形式出现或是能够用契约的语言来描述的问题，都可以用交易成本经济学的理论进行分析，并得到很好的解释。

公共政策。[①] 尽管交易成本经济学在从商业（反垄断法、商业政策、企业治理）领域到农业、公共卫生、公共部门，以及经济发展和改革等公共政策领域得到了大量应用，但是我个人认为，交易成本经济学在公共政策，特别是公共部门设置方面的应用，还迫切有待开发，美国政府

---

① 有关交易成本经济学在公共政策领域的应用，可参见威廉姆森（Williamson，1985，2003，2008，2009）。

的国土安全部就是最近的一个例子（Cohen，Cuellar，and Weingast，2006）。在以处理短期政治目的为主要目标的政治体系中，我们往往会忽略针对公共部门的效率评价，这限制了发现更好替代方案的可能。

4. 完善逻辑推理

完善交易成本经济学的逻辑推理是通过完成实用主义方法论中的第二条和第三条训谕的内容来实现的，这两条训谕就是"使其正确"和"让其合理"（Solow，2001，p. 111）。使其正确"包括将经济学的概念转换为精确的数学计算（或者图形、语言描述等），确保进一步的逻辑运算得以正确执行和验证"（Solow，2001，p. 112）。"让其合理"的主要含义是，对于那些分析复杂的现象，所采用的貌似合理的简单分析模型，应该"在重要参数的'合理'或'似乎合理'的取值上合乎逻辑"（Solow，2001，p. 112）。另外，由于"并不是所有逻辑上保持一致的事情都是令人信服的"（Kreps，1999，p. 125），那些充满幻想但是和实际情况脱离的分析模型总是让人怀疑；特别是当一些更加实际的模型能够提供符合实际数据的结果，而其结果又对这种新奇模型的研究结果具有反驳含义的时候，这些模型就更让人怀疑。将第二条和第三条训谕的实际内容结合起来的结论就是：完善交易成本经济学的逻辑推理，实际上就是根据现实的可行性来进行调节。

在应用零交易成本假设条件的过程中，科斯有关外部性的论点以及阿罗有关纵向一体化的观点向我们揭示了，这种简化的假设将导致背离现实的预测。于是，一些经济学家和社会学家就倾向于假设存在正的交易成本。交易成本的存在既是一般情况的结果，也可以从交易成本经济学的建立过程中，对先前理论的疏忽和遗漏进行发展的例证而反映出来。这里讨论以下四种情况：（1）选择性干预的不可能性，这与企业规模的边界有关；（2）可修复性（remediableness）概念，通过强调实施可行的解决方案来对公共政策的建立施加影响；（3）可信的缔约，这对扩展互惠贸易的范围具有重要意义；（4）实证检验，检验这种简单的分析模型，在应用于理论扩展的情况下是否还能得出相应的结果。此外，我将简要介绍（交易成本经济学的。——编译者注）自然演进过程。

4.1 选择性干预

正如弗兰克·奈特（Frank Knight，1921，1933）和科斯（Coase，1937）所指出的，企业的边界之谜可以描述成：为什么一个大企业不能做一群小企业所能做的更多的事情？特雷西·刘易斯（Tracy Lewis）回答了这个问题的一个变体："一个既有的企业总是可以使用和一个新进入者完全相同的输入条件……并且可以通过它已经建成的和新建的条件来协调生产，因此大企业总能够实现更多的价值"（Lewis，1983，p. 1092）。从交易成本经济学的角度来看，如果假定复制和选择性干预这两个条件成立，那么作为结果，上述这种全能型的大企业将得到支持。

因此，假定两个连续生产阶段按以下方式整合：（1）在兼并之后，（通过复制）被兼并的生产行为将会按照兼并之前那种独立的生产形式继续进行；（2）兼并方进行选择性干预，但是，这种干预行为将仅仅在干预之后的净收入能够完全分配给原来的两个生产阶段时才能发生。在这种情况下，兼并之后的企业（通过复制）将永远不会变得更糟，有时（通过选择性干预）还将做得更好。于是，相应的结论就是更多的一体化总是好于不一体化，也意味着，通过重复这种逻辑，所有的生产阶段都将被整合到一个大企业中进行。那么，我们上述的推理逻辑中哪里出了问题？

如果假设买方兼并了供应方的生产阶段，那么，实施复制和选择性干预需要满足以下条件：（1）作为买方（所有者），为了向供应方提供足够的激励，必须保证买方仍然会继续向其提供相应的净收益（扣除企业一般管理费用、维护费、使用费和折旧）；（2）供应方承诺，虽然资产所有权已归买方，但仍然会对这些资产提供"应尽的责任"；（3）买方承诺只有选择性干预能够产生净收益时，才行使权利（命令）；（4）买方还需承诺，在选择性干预的情况下，会诚实地按照兼并协议中的规定披露和分享利润。问题在于，上述条件没有一个能够通过自我控制来实施。恰恰相反，在缺乏第三方监督（包括一个无成本的仲裁者）的情况下[1]，这些条件是否成立都值得商榷。其原因主要包括：（1）所有者（买

---

[1] 对于这种包括引进仲裁者的第三方监督的需要，其本身就是完善逻辑关系的一个例子（Williamson，1975，pp. 21-34）。然而，人们还是普遍假设只要双方共同监督就足够了。

方）控制着兼并后企业的财务管理，他可以根据需要改变折旧、内部交易价格以及收益等来为买方服务；（2）供应方没有尽到"应有的责任"，但只有在事后才能知道且难以证明；（3）买方在兼并后也可以通过透露错误信息以利于增加自己的收益；（4）考虑到上述情况，在实施选择性干预之后的净利润分配将会是妥协之后的结果；（5）在一个更大的企业里，人们会玩起政治游戏，因为相对于小企业而言，大企业更容易受到官僚主义和政治定位的影响。

上述观点的详细论述可以参阅我的其他论文（Williamson，1985，第6章）。那些聪明的商人和他们的律师常常凭直觉就能认识到上述问题，并进行权衡取舍，将它们纳入（是否）一体化的决策。在这里，主要观察到这一点就足够了。对于社会学家而言，需要从中认识到，市场制和层级制是两个不同的组织方式，我们应该客观地看待它们各自的优劣势。

4.2 可修复性

可修复性的准则是用来检查在政府部门中交易成本为零的假设条件的，而该假设条件（交易成本为零）是公共政策分析者所常应用的。这个假设条件不仅毫无意义，而且在执行标准的公共政策时，还会呈现出一种不对称的形式：在私人部门，由于交易成本的存在造成了市场失灵，但是对于公共部门，却没有相应的公共政策失效的概念。① 因此，在这种假设交易成本为零的不对称条件下，制定出了那么多让人费解的公共政策就不足为怪了，其中监管就是一个例子（Coase，1964）。

可修复性准则是用对称的方式处理真实世界问题的一种努力。无论是针对公共部门还是私人部门，这个准则都是：如果人们找不到一个比现有组织模式更加可行的组织形式，那么现有的组织形式就应被看作有效的（Williamson，1996，第8章）。

因为所有的组织形式都存在缺陷，可行性的规定就从一开始排除了零交易成本的可能（包括所有的公共部门、私人部门以及非营利组织

---

① 尽管只是一个讽刺，"标准的公共政策分析开始于这样的假设……所有的政策都是由一位无所不能、无所不知并且仁慈的独裁者来制定的"（Dixit，1996，p. 8）。用交易成本的术语来说，这就是假设执行中的障碍、有限理性以及机会主义都不存在。

等）。可实施条件要求，执行一项可行的替代方案的成本（该方案经过详细比较，确定比现有方案更优）必须被纳入净利润的计算当中。如果预期的净收益为负，那么我们就能通过展示实施另外的更佳方案所面临的"不公平"（这里应理解为不可行的或不合理的。——编译者注）障碍，来推翻"现有模式是有效率的"这一假设。

于是，政治和经济上的可行性进入了我们的分析范畴。当政治上的规定和经济上的考虑存在冲突的时候，那些被认为可行的政治规定将被保留下来（Stigler，1992）；相反，那些难以接受的政治政策（如不公平的歧视政策）将难以持续。同样，一些经济上的障碍，例如，基于沉没成本的考虑，企业可能推迟发布更好的替代产品。然而，那些被认为不合理的做法（如掠夺性行为）可能是合理的。①

结论就是，可修复性准则在努力避免假设交易成本为零的那种不对称推理的做法下，尝试充分考虑公共政策制定的效率因素，即可行性、可实施性，以及最重要的可辩驳性。

4.3 可信的承诺

可信的威胁这一概念主要出现于竞争（政治、商业领域或国家间竞争）的研究中。使用可信的威胁的主要目的是阻止竞争对手使用某种手段（如核武器），从而使竞争转向其他的地方（Schelling，1960），或者完全消除竞争。使用低成本的可信的承诺（credible commitment）来支持一些交换，与可信的威胁概念相关，但是存在差异。

最基本的命题是：当交易缺乏可信的承诺支持时，与交易相关的契约风险将会泛滥；当交易的专用资产投资蕴含巨大风险时，取而代之的将会是通用资产的投资；有些交易将通过企业形式实现，而有些交易则可能永远无法达成。

可信的承诺有时会自发地产生，例如，良好的历史交易记录会给交易者带来正的声誉效应。然而，通常的情况是，可信的承诺经常产生于

---

① 当然，一些实施过程中的不合理的障碍在被发现之后还有可能长时间存在。然而，影响效率的障碍并不一定会引起不满。一些这样的障碍可以通过长时间积累的力量来推翻，有关公民权利的斗争就是一个例子。而另外一些障碍可以通过完善不公平竞争的定义来解决。

交易双方自觉地认可在交易中提供额外保障机制的时候。[①] 这类保障机制包括：信息披露和审计，以及特殊的争议解决机制。这些解决机制往往依赖于私人秩序，而不是法律秩序（Llewellyn，1931；Macaulay，1963；Summers，1969；Macneil，1974；Galanter，1981）。除此之外，交易双方有时也通过抵押品的形式来支持交易（Williamson，1983）。[②]

可信支持也会依政治管辖权方面的制度环境的不同而变化（Levy and Spiller，1994），这与实证政治理论的研究是相关的。此外，契约法的概念也与治理经济学有关，一个可作为说明的例子就是，用"自制法"的概念来解释层级制中的契约法制度[③]（Williamson，1991，p. 274）：

> 内部组织隐含的契约法就是自制。因此，法庭通常会对企业之间就价格问题、延迟损失、质量瑕疵等纠纷做出裁决，但拒绝受理企业内部各部门间的纠纷，以及与之类似的技术问题的诉讼。如果法庭拒绝对这些内部问题做出裁决，那么当事各方就在内部寻求解决。因此，层级制就是其自己最终的法庭。

自制法概念的引入弥补了治理理论的逻辑缺陷。与其他形式的契约法一样，自制法的效能取决于所处制度环境（国家）的完整性，而其自身也是该制度环境的一部分。

4.4　理论的扩展

简单模型的目的在于捕捉事物的本质，以解释当前的实践困惑，并给出受制于实证检验的预测。然而，简单模型通常可以进行扩展并检测。

---

① 内华达电力公司和西北贸易公司之间签署的 32 年煤炭供应协议就是一个很好的例子（Williamson，1991，pp. 272-273）。

② 增加可信度的努力有时会采取非常奇怪的形式，大概是因为难以找到更好的办法。可以参考最近从美索不达米亚出土的墓碑（大约为公元前 1750 年），上面描述了用自我诅咒的方式来阻止违约行为的做法。其中一块墓碑上写道：当你向我们要求军事援助时，我们不会保留最好的军队，也不会找借口推辞，我们将挥舞着棍棒去击败你的敌人……否则，我们将像废弃的种子一样永远不会发芽，我们的子孙不能传承，我们的妻子会在自己眼前被人夺走，我们的国家也会被他人所统治（*China Daily*，March 22，1988，p. 1）。

③ 需要指出的是：在自制法下，对于那些只引发内部后果的绝大部分内部决策，法院都不会行使管辖权。然而，对存在外部性的情况，法院将会行使管辖权。

那么，通过多次简单模型验证所得到的基本机制，如果被应用于一个和真实的问题现象相一致的环境中，它是否还能够得出同样的结论？

扩展测试常常被忽视，而且通常是那种并没有意识到的忽视。有的时候我们放弃这种扩展，可能是因为我们错误地认为扩展可以轻松实现。我的观点是，针对那些与真实世界相关的主张，包括公共政策和无论出于何种目标的企业理论，如果这些模型不能被扩展使之接近于被研究的现象（如现代企业），那么对该模型就应持谨慎的态度。[①]

对于将企业作为治理结构的交易成本经济学来说，扩展的问题就是：在交易成本经济学框架下，对于单个交易的决定生产还是购买决策的应用，是否可以扩展至描述近似于多元化企业的情形？注意，交易成本经济学的理论假定，所有的交易发生在技术上可分的不同阶段之间（而非内部）的界面上。这种用技术上的"核心"来定义交易的做法，使得我们可以将重点集中于一系列离散的是生产还是购买决策（前向、后向或横向一体化）的研究上，以确定哪些应该外包出去，哪些又应纳入企业所有权边界之内。根据这样的描述，企业就是一个选择生产还是购买的交易集合。这也反映出，交易成本经济学是能够扩展，或者至少是可以接近（企业的真实情况。——编译者注）的（Williamson，1985，pp. 96-98）。[②]

---

① Michael C. Jensen 和 William H. Meckling（1976）提出了一个有关企业家所有权的简单模型是否可以扩展至分散所有权的现代企业研究的问题。他们认为该模型的扩展应用是可行的，并称将证明推迟到随后将要发表的论文中。然而，那篇论文却一直没有出现。尽管如此，他们仍坚持认为该模型是应该扩展的。

② 然而，需要告诫的是：上述讨论的模型扩展并不适用于波音787"梦幻"客机的复杂生产系统，那是一种混乱不堪的外包生产（Sanders，2009，"Boeing CEO's Bumpy Ride，" *Wall Street Journal*，Nov. 5，http://online. wsj. com）。作为后见之明，我们现在发现，外包交易协调管理混乱导致了成本高昂的延迟交货，如果那些要求实时生产协调的部件能够在波音公司内部自己生产，这些延误就应该能够避免。阐述由相关交易所导致的系统复杂性的必要工具，尚需在交易成本经济学内部发掘。

然而，应用交易成本经济学可以避免类似于波音在外包生产上犯下的严重错误，即决定将其高度专业化的机身的生产外包给 Vought 飞机工业公司。这种交易要求大规模的专用资产投资，因此，在契约的履行过程中，将产生一系列的适应性问题（Tadelis，2010a）。波音随后通过收购 Vought 飞机工业公司矫正了这种状况（Sanders，2009. "Boeing Takes Control of Plant." *Wall Street Journal*，December 23，p. B2）。

4.5 自然发展过程

交易成本经济学因尚未完全实现正式化（formalized）而时而遭受批评。对此，我有三个回应：（1）与其他理论一样，交易成本经济学也存在一个自然演进的过程；（2）全面的正式化仍在进行中；（3）过早的正式化存在理论与现实脱节的风险。

根据托马斯·库恩（Thomas Kuhn，1970）的学说，任何理论的发展都需要经历一个从非正式到准正式，再到半正式，最后到全面正式的一个过程。交易成本经济学的非正式阶段开始于 20 世纪 30 年代（尤其以康芒斯和科斯为代表），当时，新古典经济学理论中的一些缺陷和错误开始被发现。准正式阶段开始于 70 年代，出现了一些概念来解释纵向一体化、纵向市场限制、劳动力市场组织、自然垄断的特许经营招标，并得出了有效匹配的条件。半正式阶段开始于 80 年代，从那时开始，主要的工作有：可信的缔约、混合模式、（将契约。——编译者注）交易和治理结构化，以及在经济、商业和相邻社会科学（包括公共政策）中多样化应用，还有实证检验的拓展。全面正式阶段也开始于 80年代，而且还在继续。一些在这方面的论文非常有影响力，格罗斯曼和哈特（Grossman and Hart，1986）的文章是具有开创性的，随后哈特和约翰·穆尔（Hart and John Moore，1990）的文章，以及其他的研究某些类型交易成本的相关文章（不过通常被称为产权理论的著作），已经非常有影响力了；后来史蒂芬·塔德利斯（Steven Tadelis）以及他的合作者们的重要研究（Bajari and Tadelis，2001；Tadelis，2002；Levin and Tadelis，forthcoming；Tadelis，2010a），也同样在进行之中。

5. 结语

我称之为交易成本经济学的课程源于科斯在 1937 年提出的问题：如何界定企业的边界？我将交易作为核心，通过对纵向一体化决策的研究来回答这个问题，并将其重新表述为缔约问题，即对于在技术上可分清边界的需求，企业在什么情况下选择通过外部购买或者内部生产来实现且原因何在。它被视为一个效率问题，通过选择性地结合经济学与组织学相关理论来进行解决。尽管纵向一体化研究的本意是将其作为一个独立的研究课题，但是其应用非常广泛，在经济活动中凡是以契约形式出现或者可以被重新描述为契约语言的问题都可以应用它。

作为后见之明，交易成本经济学经历了一个自然的演进过程。其非正式阶段开始于 20 世纪 30 年代科斯向传统理论提出的挑战：企业和市场组织应当是一种推导出来的结果，而非被认作既定的（当时的做法），并且建议引入交易成本这个当时缺失的概念。有关交易成本的观点后来在 20 世纪 60 年代被（阿罗和科斯）证实并巩固，他们的方法是通过证明在完善交易成本逻辑推理的时候，零交易成本的假设条件将会使很多标准的经济学理论变得没有意义。

准正式阶段开始于 20 世纪 70 年代，当我们将其应用于契约/治理视角下的纵向一体化研究的时候。企业之间的（由于有限理性）不完全契约，当交易双方面临重大利益干扰（战略背叛），以至（由于涉及专用资产投资）产生双边依赖的情况下，将会面临适应不良的风险（maladaptation hazard）。随后，这种治理经济学得了广泛应用，这主要是因为其他的与契约相关的现象都可以描述成这种问题的变体。

在半正式阶段，有关不同治理模型（市场制、混合制以及层级制）所具有的特殊属性受到了更加广泛的关注，原因在于，这些属性能够帮助区分不同交易中对不同适应性，如自发性或协调性适应的需求。随着对选择性干预效力和模型扩展的可操作化的不断努力，一系列问题随之出现。通过完善经济组织的逻辑，这些问题都将得以回答。针对交易成本经济学实证检验的雄心勃勃的努力始于 20 世纪 80 年代初，并在随后呈指数级增长。在公共政策领域内，交易成本经济学也得到了广泛的应用，并且在不断发展。交易成本经济学完全正式化的研究已经成型，且发展仍在继续。

我的结论是，结合法学、经济学和组织学的理论，从节约交易成本的角度来研究契约关系的治理是大有裨益的；并且我预测这样的研究将会从概念、理论、实证检验以及公共政策等方面继续发展。交易成本经济学的研究将迎来一个非常有趣而又充满挑战的未来。

参考文献

Arrow, Kenneth J. 1969. "The Organization of Economic Activity: Issues Pertinent to the Choice of Market Versus Nonmarket Allocation." In *The Analysis and Evaluation of Public Expenditure: The PPB system*, pp. 59－73. Washington, DC: US Government Printing Office.

Bajari, Patrick, and Steven Tadelis. 2001. "Incentives Versus Transaction Costs: A Theory of Procurement Contracts." *RAND Journal of Economics*, 32 (3), pp. 387－407.

Barnard, Chester Irving. 1938. *The Functions of the Executive*. Cambridge, MA: Harvard University Press.

Baumol, William J. 1959. *Business Behavior, Value and Growth*. New York: Macmillan.

Ben-Porath, Yoram. 1980. "The F-Connection: Families, Friends, and Firms and the Organization of Exchange." *Population and Development Review*, 6 (1), pp. 1－30.

Buchanan, James M. 1975. "A Contractarian Paradigm for Applying Economic Theory." *American Economic Review*, 65 (2), pp. 225－230.

Buchanan, James M. 2001. "Game Theory, Mathematics, and Economies." *Journal of Economic Methodology*, 8 (1), pp. 27－32.

Coase, Ronald H. 1937. "The Nature of the Firm." *Economica*, N. S., 4 (16): 386－405. Reprinted in *The Nature of the Firm: Origins, Evolution, Development*, 1991, eds. Oliver E. Williamson and Sidney Winter, 18－33. New York: Oxford University Press.

Coase, Ronald H. 1960. "The Problem of Social Cost." *Journal of Law and Economics*, 3 (1), pp. 1－44. (3), pp. 194－197.

Coase, Ronald H. 1964. "The Regulated Industries: Discussion." *American Economic Review*, 54 (May), pp. 194－197.

Coase, Ronald H. 1972. "Industrial Organization: A Proposal for Research." In *Economic Research: Retrospect and Prospect*, Vol. 3, ed. V. R. Fuchs, pp. 59-73. New York: National Bureau of Economic Research.

Coase, Ronald H. 1988. "The Nature of the Firm: Influence." *Journal of Law, Economics, and Organization*, 4 (1), pp. 33-47.

Coase, Ronald H. 1992. "The Institutional Structure of Production." *American Economic Review*, 82 (4), pp. 713-719.

Cohen, Dara K., Mariano-Florentino Cuellar, and Barry R. Weingast. 2006. "Crisis Bureaucracy: Homeland Security and the Political Design of Legal Mandates." *Stanford Law Review*, 59 (3): 673-760.

Commons, John R. 1932. "The Problem of Correlating Law, Economics, and Ethics." *Wisconsin Law Review*, 8, pp. 3-26.

Commons, John R. 1950. *The Economics of Collective Action*. New York: Macmillan.

Cyert, Richard M., and James G. March. 1963. *A Behavioral Theory of the Firm*. Englewood Cliffs, NJ: Prentice-Hall.

D'Andrade, Roy. 1986. "Three Scientific World Views and the Covering Law Model." In *Metatheory in social science: Pluralisms and subjectivities*, eds. Donald W. Fiske and Richard A. Schweder, pp. 19-41. Chicago: University of Chicago Press.

Demsetz, Harold. 1983. "The Structure of Ownership and the Theory of the Firm." *Journal of Law and Economics*, 26 (2), pp. 375-390.

Dixit, Avinash K. 1996. *The Making of Economic Policy: A Transaction-Cost Politics Perspective*. Cambridge, MA: MIT Press.

Dreze, Jacques H. 1995. "Forty Years of Public Economics: A Personal Perspective." *Journal of Economic Perspectives*, 9 (2), pp. 111-130.

Fellner, William. 1947. "Prices and Wages under Bilateral Oligopoly. " *Quarterly Journal of Economics*, 61 (4), pp. 503−532.

Fischer, Stanley. 1977. "Long-Term Contracting, Sticky Prices, and Monetary Policy: A Comment. " *Journal of Monetary Economics*, 3 (3), pp. 317−323.

Galanter, Marc. 1981. "Justice in Many Rooms: Courts, Private Ordering, and Indigenous Law. " *Journal of Legal Pluralism and Unofficial Law*, 19 (1), pp. 1−47.

Geyskens, Inge, Jan-Benedict E. M. Steenkamp, and Nirmalya Kumar. 2006. "Make, Buy, or Ally: A Transaction Cost Theory Meta-Analysis. " *Academy of Management Journal*, 49 (3), pp. 519 − 543.

Grossman, Sanford J. , and Oliver D. Hart. 1986. "The Costs and Benefits of Ownership: A Theory of Vertical and Lateral Integration. " *Journal of Political Economy*, 94 (4), pp. 691−719.

Hart, Oliver D. , and John Moore. 1990. "Property Rights and the Nature of the Firm. " *Journal of Political Economy*, 98 (6), pp. 1119−1158.

Hayek, Friedrich. 1945. "The Use of Knowledge in Society. " *American Economic Review*, 35 (4), pp. 519−530.

Jensen, Michael C. , and William H. Meckling. 1976. "Theory of the Firm: Managerial Behavior, Agency Costs and Ownership Structure. " *Journal of Financial Economics*, 3 (4), pp. 305−360.

Kitch, Edmund W. 1983. "The Fire of Truth: A Remembrance of Law and Economics at Chicago, 1932 − 1970. " *Journal of Law and Economics*, 26 (1), pp. 163−233.

Klein, Benjamin, Robert G. Crawford, and Armen A. Alchian. 1978. "Vertical Integration, Appropriable Rents, and the Competitive Contracting Process. " *Journal of Law and Economics*, 21 (2), pp. 297−326.

Knight, Frank H. 1921. *Risk, Uncertainty, and Profit*. New

York: Houghton Mifflin.

Knight, Frank H. 1933. *Risk, Uncertainty, and Profit*. London: London School of Economics and Political Science. (Orig. pub. 1921).

Kreps, David M. 1999. "Markets and Hierarchies and (Mathematical) Economic Theory." In *Firms, Markets, and Hierarchies: The Transaction Cost Economics Perspective*, eds. Glenn R. Carroll and David J. Teece, pp. 121-155. Oxford: Oxford University Press.

Kuhn, Thomas S. 1970. *The Structure of Scientific Revolutions*. 2nd edn. , Chicago: University of Chicago Press.

Levin, Jonathan, and Steven Tadelis. Forthcoming. "Contracting for Government Services: Theory and Evidence from U. S. Cities." *Journal of Industrial Economics*.

Levy, Brian, and Pablo T. Spiller. 1994. "The Institutional Foundations of Regulatory Commitment: A Comparative Analysis of Telecommunications Regulation." *Journal of Law, Economics, and Organization*, 10 (2), pp. 201-246.

Lewis, Tracy R. 1983. "Preemption, Divestiture, and Forward Contracting in a Market Dominated by a Single Firm." *American Economic Review*, 73 (5), pp. 1092-1101.

Llewellyn, Karl N. 1931. "What Price Contract? An Essay in Perspective." *Yale Law Journal*, 40 (5), pp. 704-751.

Macaulay, Stewart. 1963. "Non-Contractual Relations in Business: A Preliminary Study." *American Sociological Review*, 28 (1), pp. 55-67.

Macher, Jeffrey T. , and Barak D. Richman. 2008. *"Transaction Cost Economics: An Assessment of Empirical Research in the Social Sciences."*

Macneil, Ian R. 1974. "The Many Futures of Contracts." *Southern Cali-*

fornia Law Review, 47 (3), pp. 691—816.

March, James G. , and Herbert A. Simon. 1958. *Organizations.* New York: John Wiley & Sons.

Marris, Robin L. 1964. *The Economic Theory of Managerial Capitalism.* New York: Free Press.

Marschak, Jacob. 1968. "Economics of Inquiring, Communicating, Deciding. " *American Economic Review*, 58 (2), pp. 1—18.

McKenzie, Lionel W. 1951. "Ideal Output and the Interdependence of Firms. " *Economic Journal*, 61 (244), pp. 785—803.

Menard, Claude. 1996. "Why Organizations Matter: A Journey Away from the Fairy Tale. " *Atlantic Economic Journal*, 24 (4), pp. 281—300.

Michels, Robert. 1962. *Political Parties.* New York: Free Press.

Posner, Richard A. 1977. *Economic Analysis of Law.* 2nd edn. , Boston: Little, Brown.

Reder, Melvin W. 1999. *Economics: The Culture of a Controversial Science.* Chicago: University of Chicago Press.

Riordan, Michael H. , and Oliver E. Williamson. 1985. "Asset Specificity and Economic Organization. " *International Journal of Industrial Organization*, 3 (4), pp. 365—378.

Schelling, Thomas C. 1960. *The Strategy of Conflict.* Cambridge, MA: Harvard University Press.

Shultz, George P. 1995. "Economics in Action: Ideas, Institutions, Policies. " *American Economic Review*, 85 (2), pp. 1—8.

Simon, Herbert A. 1957a. *Administrative Behavior.* 2nd edn. , New York: Macmillan.

Simon, Herbert A. 1957b. *Models of Man: Social and Rational.* New York: John Wiley & Sons.

Simon, Herbert A. 1984. "On the Behavioral and Rational Foundations of Economic Dynamics. " *Journal of Economic Behavior and Organization*, 5 (1), pp. 35-55.

Simon, Herbert A. 1985. "Human Nature in Politics: The Dialogue of Psychology with Political Science. " *American Political Science Review*, 79 (2), pp. 293-304.

Simon, Herbert A. 1991. *Models of My Life*. New York: Basic Books.

Snowdon, Brian, and Howard R. Vane. 1997. "Modern Macroeconomics and Its Evolution from a Monetarist Perspective: An Interview with Professor Milton Friedman. " *Journal of Economic Studies*, 24 (4-5), pp. 192-222.

Solow, Robert M. 2001. "A Native Informant Speaks. " *Journal of Economic Methodology*, 8 (1), pp. 111-112.

Stigler, George J. 1951. "The Division of Labor Is Limited by the Extent of the Market. " *Journal of Political Economy*, 59 (3), pp. 185-193.

Stigler, George J. 1992. "Law or Economics?" *Journal of Law and Economics*, 35 (2), pp. 455-468.

Summers, Clyde W. 1969. "Collective Agreements and the Law of Contracts. " *Yale Law Journal*, 78 (4), pp. 525-575.

Tadelis, Steven. 2002. "Complexity, Flexibility, and the Make-or-Buy Decision. " *American Economic Review*, 92 (2), pp. 433-437.

Tadelis, Steven. 2010a. "Transaction Cost Economics. " Unpublished.

Tadelis, Steven. 2010b. "Williamson's Contribution and Its Relevance to 21st Century Capitalism. " *California Management Review*, 52 (2), pp. 159-166.

Whinston, Michael D. 2001. "Assessing the Property Rights and Transaction-Cost Theories of Firm Scope. " *American Economic Review*, 91 (2), pp. 184-188.

Williamson, Oliver E. 1964. *The Economics of Discretionary Be-*

havior: *Managerial Objectives in a Theory of the Firm*. Englewood Cliffs, NJ: Prentice-Hall.

Williamson, Oliver E. 1971. "The Vertical Integration of Production: Market Failure Considerations." *American Economic Review*, 61 (2), pp. 112—123.

Williamson, Oliver E. 1975. Markets and Hierarchies: Analysis and Antitrust Implications. New York: Free Press.

Williamson, Oliver E. 1976. "Franchise Bidding for Natural Monopolies in General and with Respect to CATV." *Bell Journal of Economics*, 7 (1), pp. 73—104.

Williamson, Oliver E. 1979. "Transaction Cost Economics: The Governance of Contractual Relations." *Journal of Law and Economics*, 22 (2), pp. 233—261.

Williamson, Oliver E. 1983. "Credible Commitments: Using Hostages to Support Exchange." *American Economic Review*, 73 (4), pp. 519—540.

Williamson, Oliver E. 1985. *The Economic Institutions of Capitalism*. New York: Free Press.

Williamson, Oliver E. 1991. "Comparative Economic Organization: The Analysis of Discrete Structural Alternatives." *Administrative Science Quarterly*, 36 (2), pp. 269—296.

Williamson, Oliver E. 1996. *The Mechanisms of Governance*. Oxford: Oxford University Press.

Williamson, Oliver E. 2000. "The New Institutional Economics: Taking Stock, Looking Ahead." *Journal of Economic Literature*, 38 (3), pp. 595—613.

Williamson, Oliver E. 2002. "The Theory of the Firm as Governance Structure: From Choice to Contract." *Journal of Economic Perspectives*, 16 (3), pp. 171—195.

Williamson, Oliver E. 2003. "Examining Economic Organization through the Lens of Contract." *Industrial and Corporate Change*, 12 (4), pp. 917–942.

Williamson, Oliver E. 2008. "Corporate Boards of Directors: In Principle and in Practice." *Journal of Law, Economics, and Organization*, 24 (2), pp. 247–272.

Williamson, Oliver E. 2009. "Opening the Black Box of Firm and Market Organization: Antitrust." In *The Modern Firm, Corporate Governance and Investment*, eds. Per-Olof Bjuggren and Dennis C. Mueller, pp. 11–42. Northampton, MA: Edward Elgar.

契约视角：私人秩序[*]

詹姆斯·布坎南断定"通过自发性交换取得互利……是经济学中最基本的共识"（Buchanan，2001，p.29），他进而主张为更好地理解这一基础，需要透过契约视角而不是选择视角来审视经济学（Buchanan，1975）。由于选择视角在 20 世纪经济学中一直是主导范式（Robbins，1932；Reder，1999），契约视角（理所当然地）就没有得到充分的发展。不过，随着这两个视角之间的分歧逐渐缩小，契约方法越来越受到欢迎。本文简述了这方面的一些发展趋势，重点则放在私人秩序上。

首先，我将简要讨论选择和契约这两个视角；其次，我将证明契约方法是对正统观念加剧不安感的一种回应；再次，我将陈述通往比较经济组织的私人秩序方式的基础原理，并将重点置于事后治理；复次，我将简略探讨正式的契约理论；最后，我将得出结论。

1. 选择视角与契约视角

罗宾斯（Robbins，1932）在他著名的《经济科学的性质和意义》（*The Nature and Significance of Economic Science*）一书中提到了选择的科学。就如这本书中所说："作为一门科学，经济学是研究（有其他用途的）有限资源与多种需求如何协调的人类行为"（Robbins，1932，p.16）。或者，就如雷德（Reder）最近又重提起的说法，经济学

---

　　* 原文 "The Lens of Contract：Private Ordering"，载于 American Economic Association (May，2002)，pp.438-443。

是一门处理"在不同用途间配置稀缺资源，以实现最大需求满足"的科学（Reder，1999，p. 43）。消费者行为理论和作为生产单位的企业的理论是其主要建构，二者的目的分别是效用最大化和收益最大化。提出这一体系的经济学家主要研究的是，相对价格和可用资源之间的变化是如何影响数量的（Reder，1999，p. 48），而这一课题成为贯穿整个 20 世纪经济学的"主导范式"。

虽然这样的做法具有一定的建设性，但是试图通过选择视角解释一切的努力却导致了古怪甚至错误的建构。用契约的方式思考，尤其是用相对契约化的方式思考经济组织，会让我们注意到公共及私人秩序这些迄今仍被忽视的议题。最先一点与博弈规则相关，其将政治视作"个体间进行复杂交换的一个结构，在这个结构中人们集体寻求他们无法通过简单市场交换而获得的有效保障"（Buchanan，1987，p. 298）。相反，私人秩序则涉及博弈本身，行为从政治组织层面转移到了群体层面（Greif，1993）或者交易双方，因为他们试图通过自助的方式来完善他们的交易关系。

由此可见，如果直接关系人具备深度又无法查证的知识，而持续性对交易而言又至关重要，那么在此类特殊的交易中，即使政治组织设计了良好的博弈规则，简单的市场交换在这里还是不太合适。[①] 各方在私人秩序上的努力——在保护性更强的治理结构中改组激励措施和嵌入交易——的目的和效用就在于缓和原本会产生的契约上的问题。

本文通过契约视角审视经济组织，着重强调契约关系的治理。这完全基于约翰·康芒斯关于经济问题具有先见之明的论述："基本的行为单位……本身必定包含三个原则，即冲突、相关性和秩序，这一基本单位就是交易"（Commons，1932，p. 4）。交易成本经济学不仅将交易看作基本分析单位，同时将治理看作一种手段，通过这个手段可以

---

① 机制设计、代理理论和不完全契约之间的所有区别都不同于关于"标准模型"的设想，即认为交换的各方都是价格接受者。在规范机会主义（使用诡计来追求自我利益）（Makowski and Ostroy，2001，p. 491）的时候，那些从 1870 年到 1970 年被新古典主义经济学家忽略的战略性问题开始浮出水面（Makowski and Ostroy，2001，pp. 482-483，pp. 490-491）。

向企业中注入秩序，缓和冲突，并实现互利。那些在通过选择视角检视时受到指责的、形式不标准也不被人熟识的契约和组织，在契约视角介入后，就具备了更多的建设性意义。于是，新的现象一起被带入了这个领域。

2. 加剧的不安

2.1 概述

对正统观念加剧的不安感在弗兰克·哈恩（Frank Hahn）的推测中显而易见。他认为纯粹的理论——"由少数几个基本公理演绎出结果的活动"（Hahn，1991，p. 47）——正在让位于对行为人及其活动的更为现实的描述，"而不是隐含着心理、社会和历史假设可能性的简单、透明的公理"（Hahn，1991，p. 50）。哈恩由此预测对一般概念的关注会变少，而对信息、组织、路径依赖之类细节的关注会变多。

阿瑟·林德贝克（Assar Lindbeck）指出了对公共政策的忧虑。因为年轻的经济学家对真实世界的问题缺少感受，"经济学家所扮演的角色正由其他的社会科学家，如社会学家、政治学家和经济历史学家等接手"（Lindbeck，2001，p. 32）。对这一论断的一种回应是耸耸肩表示不以为然：如果经济学家并不关心这些问题，而其他的社会科学家注意到了，那又怎么样？然而，林德贝克清晰地认为，经济学家可以做出不一样的贡献，并建议大学教师和经济研究者应该"在传递知识和理解真实世界的问题上，包括在传播常识上，担负起更大的责任"，而不是拘泥于"简单的课堂练习，教授过于简化的、通常还不现实的假设"（2001，p. 32）。

罗伯特·索洛（Robert Solow）认为好的经济学研究包含了三项训谕：保持简单、使其正确、让其合理（Solow，2001，p. 111）。第一项指的"（正是）现实生活的复杂性……让简单的模型变得非常必要"（Solow，2001，p. 111）。使其正确，"包括了将经济概念翻译为精准的数学（或图表，或话语），确保之后的逻辑运算都能得到准确执行和查证"（Solow，2001，p. 112）。但还要提到的是，一个模型可能从机械上来讲是正确的，却毫无启发作用，因为它"并不完美地适合于标的物

（即现实情况。——编译者注），它会掩盖关键交互关系（interaction），而不是凸显它们"（Solow，2001，p.112）。因此模型与其所关注的（契约上或其他方面的）现象保持合理的联系至关重要。

2.2 公共政策关注点

罗纳德·科斯对曾经风靡一时（现在影响犹存）的在监管领域内对比现实和理想的组织模式的倾向，做了严厉的中肯批评（Coase，1964，p.195）：

> 对一个最优系统的思考将提供原本可能缺失的分析技巧，在某些特殊情况下，它也可以进一步提供解决方案。然而，大体上它的影响是有害的。它将经济学家的关注点从主要的问题上转移开，这个主要问题就是其他社会安排在现实中是如何运作的。同时，它引导经济学家通过对市场状况抽象概念的研究来获取经济政策的结论。毫无意外的是，在文献中……我们发现存在一个名为"市场失灵"的范畴，却没有"政府失灵"这一说。在我们意识到自己是从或多或少都是失灵的社会安排间选择之前，就不可能取得太大的进步。

科斯也反驳了反托拉斯专家不加批判地通过选择视角来用垄断解释与简单市场交换相背离的现象："如果经济学家发现了什么他不懂的事情——不管是这类还是那类的企业活动——那就一言以蔽之，统统解释为垄断"（Coase，1972，p.67）。但事实上还存在着其他的可能性。如果采用契约视角，这样的活动和结构会被更好地理解为，通过私人秩序的努力来完成节约的目的，并实现互利。

2.3 综观

与其说契约视角是对正统选择视角的替代，不如说是对它的补充。使得总体的和公共政策上的正统观念所有的担忧得以缓解。之前忽略的信息和组织（Hahn）细节在这个过程中被统统收入。真实世界的问题通过更为现实的方式得到解决（Lindbeck），目标在于达成一种组织契约逻辑。这一逻辑简单而合理（Solow），并能产生得到数据确证的多种可证伪的含义（refutable implication）。

3. 契约视角：私人秩序

其核心观点是：无论博弈的规则是什么[①]，不管它发达（如在美国）还是不发达（如在越南；McMillan and Woodruff，1999），博弈过程本身通常被阐释为在注入秩序上的私人努力（私人秩序），由此来化解冲突，并更好地实现如布坎南所说的"通过自发性交换取得互利"。交易成本经济学是一种契约视角上的建构，它与正统观念的区别表现在以下几方面：

（1）在契约世界里，行为人在认知和自利方面都不同于选择世界里的参与者。如上文所述，先前被忽视或否认的策略行为成为承认机会主义的中心[②]；有限理性（意图理性地行动却只能实现有限度的理性）是认知上的设想。从选择视角来看，有限理性首要的衍生物就是最大化应该让位于满意度（Simon，1957，p. 204）。若换成契约角度来看，首要的教训是：所有复杂的契约不可避免地都是不完全的。不仅如此，契约不单因为有限理性而不完全，同时为促成利益分配上的共识而做的准备也存在着很大问题。自然而然地，有限理性和机会主义的结合导致了不可验证性（nonverifiability）（Williamson，1975，pp. 31–33）。结论就是，私人秩序实施的方式关键取决于行为人所具备的特征。

（2）因这个目标而存在的企业不会被描述为一个黑箱，而是治理的可替代模式。就如哈罗德·德姆塞茨指出的，这是"如果将（正统）经济理论上的企业和真实世界中的同名物混为一谈，将是一个错误。新古典经济学的<u>首要使命</u>是理解价格机制如何在资源配置中发挥作用，而非<u>真实企业的内部运作</u>"（Demsetz，1983，p. 377；下划线为后加。——编译者注）。因此，正统理论的关注点在于供求、价格和产出——这适用于资源配置范式的需求，但是不适于发现不同治理模式（市场制、混

[①] 博弈规则之所以重要的原因之一就是，如果私人秩序解决争端的努力失效，以最终上诉为目的的可靠法庭的追索权可以用来划定威慑范围（从而降低原本会阻碍交换的契约风险）。在其他要素不变的情况下，具备较佳博弈规则的经济体因此比那些规则欠发达和/或执行力相对不可靠的经济体更能支持较为复杂并存有潜在风险的企业内交易。

[②] 自利倾向实际上被分作两个部分进行描述：鉴于一种合作的假设适用于小的干扰，较大的干扰（例外）就形成了机会主义中存在的战略风险，合作的假设由此被置于危险境地。

合制、企业、官僚机构）在包括激励、控制和争端解决等方面的契约差异。

（3）与此相关的是，此时"适应"变成了经济组织的首要使命。这里的"适应"涵盖两个不同的方面：一种是针对相关价格的改变做出的自发调整，这是新古典市场模式享有优势的地方（Hayek，1945）；另一种是"自觉、慎重和有目的"（Barnard，1938，p.4）的协调性适应，这是更为复杂的契约模式（包括层级制）具有优势的地方。一个高效能的经济体同时需要自发的秩序和有意的秩序，而这二者都需要有预先的安排。

（4）私人秩序是由有效匹配的组合完成的。（具有不同属性的）交易匹配相应的治理结构（不同的分立式治理结构表现出不同的适应能力），从而达到经济效率的目的。从交易中得到多少收益依赖于治理结构的正确与否。

（5）可操作化必须包括对关键维度的识别与解释：一是对不同交易的关键维度的识别与解释，二是对不同治理结构的关键维度的识别与解释，并找到有效匹配交易与治理结构的逻辑。大体的结论是：越复杂的治理模式预留给风险越大的交易。因此，随着契约障碍的增加，预计会出现从（理想式的）新古典市场到（由私人秩序可信承诺转化而来的）混合制模式，再到（统一产权的）层级制的逐步发展。这些（以及通过契约视角在研究经济组织过程中积累的着重于私人秩序的相关预测）大体都有数据支撑。对交易成本经济学进行实证研究所发表的论文共计600余篇，并且大体都是确证（Boerner and Macher，2001）。

（6）通过契约视角检视经济组织，要求经济组织的研究者接受契约法（复数）的可能性，而不是（如正统经济学观念一样）依赖于单一的、通用的契约法。具体来说，交易成本经济学认为内部组织的契约法是自制契约法（Williamson，1991，pp.97-100）。因为法庭的容忍（即拒绝对内部争端进行裁判，除非这些争端是由"欺诈、违法或利益冲突"引起），企业本身实际上成了自己最终诉求的法庭。因此，与市场不同，企业可以行使命令，并得到由此产生的协调收益。

（7）关于企业和市场组织的潜在理论所涉及的附加议题还包括以下内容[①]：（a）基本逻辑的拓展应用（此处指的是双边交易逻辑）是否成比例增长从而可以勾勒出大型公司的企业边界？（b）为什么大企业不能完成小企业群体所能做的事情？（c）如果签约期间与续签约存在差异，那么这种差异是否表现在会计与审计方面？这些差异的影响又是什么？（d）揭示中间产品市场交易（纵向一体化为范式问题）的逻辑是否适用于其他类似的交易？（e）能否得到与公共政策相关的有指导意义的结论的结果会获得吗？

4. 正式的契约理论

鉴于不完全契约这一理念曾经被视为背离，更不必提不完全契约的正式模型化，Grossman 和 Hart（1986）引入了自此以后成为不完全契约"主要正式模型"的概念［也可参见 Hart 和 John Moore（1990）］。虽然与之前交易成本经济学的部分工作是一致的——根据之前的操作，（由于有限理性）契约是不完全的，（由于机会主义）契约作为单纯的承诺无法自我实施，（由于不可证实性）法庭秩序受限，而（由于专用性投资交易）参与者是双边依赖的——但是，还存有一项严重的分歧。具体来讲，鉴于交易成本经济学将主要的分析活动放在契约的事后实施阶段（由于适应不良造成效率损失），格罗斯曼-哈特-穆尔（通过在利益分配上达成共识和零成本讨价还价）排除了事后适应不良，由此转而将焦点放在了实体产权（包括剩余控制权）配置差异对契约事前阶段效率差异的影响方式上。

我对这一设置的担忧不在于从"机械意义"上来说它有错，而在于它"不完全适合实际情况……（因为它掩盖了）关键交互，而不是凸显它们"（Solow，2001，p.112）。就如我在别处探讨的一样（Williamson，2000，pp.605-607），它导致了奇怪的预测（在这些预测里，一

---

① 我并不想说经济组织的潜在理论由于在解决问题上的失败因而是不合格的，也不想暗示这一系列问题是面面俱到的。我还是将它视作与交易成本方法研究经济组织具有一样的优点。它确实提出了并（在不同程度上成功地）处理了这里的每一个问题。简单的处理方式见威廉姆森（Williamson，1991）。更为包容的交易成本经济学的解决方案，参见 Williamson 和 Masten（1995）的重印文章。

体化不意味着 A 和 B 这两个阶段统一的产权和管理，它反而是有"方向性"的——因为并没有尝试统一的（协同的）决策，就有必要搞清楚是 A 吸收了 B，还是 B 吸收了 A），而且基本上无法检验（Whinston，2001）。即使如此，那些努力塑造不完全契约的先锋人物仍值得大为称道，至少他们带动了后来者去跟进。

帕特里克·巴贾林（Patrick Bajari）和斯蒂芬·塔德利斯的最新文章《激励对交易成本：采购合同理论》（Incentives versus Transaction Costs：A Theory of Procurement Contracts，2001）尤其值得注意。文章以经验观测作为起点，认为采购合同并非菜单，而是从两种极端形式（polar form）——固定价格和成本加成——中取其一。他们将基本权衡看作高性能激励（固定价格在这里享有优势）和事后适应（成本加成在此占优势）之间的选择。虽然结果的全面形成还是需要一些强有力的假设，零成本讨价还价却并不在其列。

可以确定的是，巴贾林和塔德利斯并未触及纵向一体化的问题，因此也没有解决区分市场制和层级制的治理结构差异问题。他们在固定价格或成本加成契约上对外部采购的处理中仍然体现了（而不是忽视）事后适应性不良这一关键交互特征。这篇文章的重要性不仅在于它的存在自身，而在于它无论是在理论研究还是在实证研究上，均引出了包括纵向一体化在内的一系列后续工作。

5. 结论

虽然在过去的 30 年间契约的科学逐渐发展，教科书式的经济学大体上还停留在选择的科学上。其中的一个原因是惯性使然。另一个原因则是契约的科学并非统一的学科，而是在几个（部分互相抵触）研究方向上发展。即使如此，仍然值得注意的是，契约视角/私人秩序产生了许多可证伪的含义，并提供了许多公共政策上的教训，而且超越了产业组织，进而更广泛地涵盖了公共政策的制定（Dixit，1996）。交易的经济学代表了这样一些领域：在那里如果契约视角被更为频繁使用，就可以避免最近所见到的错误。

更概括地讲，正如阿格纳·桑德莫（Agnar Sandmo，2000，p. 21）

所言，"总体来说，经济学专业正将关注点从大体的均衡理论机械观上转移到体系上……"这个发展还在持续，但并非一场革命，而这也是我所期望的。

参考文献

Bajari, Patrick and Tadelis, Steven. 2001. "Incentives versus Transaction Costs: A Theory of Procurement Contracts." *Rand Journal of Economics*, 32 (3), pp. 387-407.

Barnard, Chester I. 1938. *The Functions of the Executive*. Cambridge, MA: Harvard University Press.

Boerner, Christopher and Macher, J. 2001. "Transaction Cost Economics: A Review and Assessment of the Empirical Literature." Unpublished manuscript, University of California-Berkeley.

Buchanan, James. 1975. "A Contractarian Paradigm for Applying Economic Theory." *American Economic Review*, (May) (Papers and Proceedings), 65 (2), pp. 225-230.

Buchanan, James M. 1987. "The Constitution of Economic Policy." *American Economic Review*. June, 77.

Buchanan, James. 2001. "Game Theory, Mathematics, and Economics." *Journal of Economic Methodology*, March, 8 (1), pp. 27-32.

Coase, Ronald. 1964. "The Regulated Industries: Discussion." *American Economic Review*, May (Papers and Proceedings), 54 (2), pp. 194-197.

Coase, Ronald. 1972. "Industrial Organization: A Proposal for Research," In ed. V. R. Fuchs, ed., *Policy Issues and Research Opportunities in Industrial Organization*. New York: National Bureau of Economic Research.

Commons, John R. 1932. "The Problem of Correlating Law, Economics, and Ethics." *Wisconsin Law Review*, (December) 8 (8), pp. 3-26.

Demsetz, Harold. 1983. "The Structure of Ownership and the Theory of the Firm." *Journal of Law and Economics*, (June) 26 (1), pp. 375-390.

Dixit, Avinash. 1996. *The Making of Economic Policy : A Transaction cost Politics Perspective*. Cambridge, MA: MIT Press.

Greif, Avner. 1993. "Contract Enforceability and Economic Institutions in Early Trade: The Maghribi Traders' Coalition." *American Economic Review*, (June) 83 (3), pp. 525-548.

Grossman, Sanford J. and Hart, Oliver D. 1986. "The Costs and Benefits of Ownership: A Theory of Vertical and Lateral Integration." *Journal of Political Economy*, (August) 94 (4), pp. 691-719.

Hahn, Frank. 1991. "The Next Hundred Years." *Economics Journal*, (January) 101 (1), pp. 47-50.

Hart, Oliver and Moore, John. 1990. "Property Rights and the Nature of the Firm." *Journal of Political Economy*, (December) 98 (6), pp. 1119-1158.

Hayek, Friedrich. 1945. "The Use of Knowledge in Society." *American Economic Review*, (September) 35 (4), pp. 519-530.

Lindbeck, Assar. 2001. "Economics in Europe." *CESifo Forum*, pp. 31-32.

Makowski, Louis and Ostroy, Joseph M. 2001. "Perfect Competition and the Creativity of the Market." *Journal of Economic Literature*, (June) 32 (2), pp. 479-535.

Mc Millan, John and Woodruff, Christopher. 1999. "Dispute Prevention without Courts in Vietnam." *Journal of Law, Economics, and Organization*, (October) 15 (3), pp. 637-658.

Reder, Melvin W. 1999. *The Culture of a Controversial Science*. Chicago: University of Chicago Press.

Robbins, Lionel. 1932. An Essay on the Nature and Significance of Economic Science. New York: New York University Press.

Roland, Gerard. 2001. "The Washington Consensus and the Transition Experience." Unpublished manuscript, University of California-Berkeley.

Sandmo, Agnar. 2000. "Neoclassical Economics and Institutions." *Social Okonomen*, (December) 54 (9), pp. 19−22.

Simon, Herbert A. 1957. *Models of Man: Social and Rational. Mathematical Essays on Rational Human Behavior in a Social Setting.* New York: Wiley.

Solow, Robert. 2001. "A Native Informant Speaks." *Journal of Economic Methodology*, (March) 8 (1), pp. 111−112.

Whinston, Michael. 2001. "Assessing the Property Rights and Transaction-Cost Theories of Firm Scope." *American Economic Review*, (May) (Papers and Proceedings), 91 (2), pp. 184−188.

Williamson, Oliver E. 1975. *Markets and Hierarchies.* New York: Free Press.

Williamson, Oliver E. 1991. "Comparative Economic Organization: The Analysis of Discrete Structural Alternatives." *Administrative Science Quarterly*, (June) 36 (2), pp. 269−296.

Williamson, Oliver E. 2000. "The New Institutional Economics: Taking Stock, Looking Ahead." *Journal of Economic Literature*, (September) 38 (3), pp. 595−613.

Williamson, Oliver E. and Masten, Scott E. 1995. *Transaction Cost Economics*, Vols. I and II. Aldershot, U. K.: Elgar.

计算、信任与经济组织[*]

本文的主要目的在于阐明迭戈·甘贝塔（Diego Gambetta）所指的
"难以理解的信任概念"（elusive notion of trust）。^① 正如有关信任的文献
所指出的，我在这里也会展开阐述"信任"这个术语的许多含义。不计
成本地实施计算的经济推理，是我用于定义和界定难以理解的信任概念
的主要工具。本文的第 1 节介绍了经济组织的计算方法，"计算性信任"
（calculative trust）的概念已被广泛接受，其受采纳程度也在不断增长，但
我对其持不同的意见，这会在第 2 节中讨论到。第 3 节简要介绍了社会信
任，它通过制度环境产生作用，并表现为一系列衍生的形式。第 4 节阐述
了几乎非计算性的个人信任。第 5 节是结束语。

1. 计算

与其他社会科学相比，采用经济学方法研究经济组织肯定更具计算
性。这一特点被认为是经济学的独特优势，也是它的要害。如果没有认
识到计算的局限性，就会造成在分析问题时出现越轨，进而导致经济学
家容易对很多经济现象做出错误的评估。

我并不否定这个观点，但是我认为对计算的过度使用是可以弥补的。
我还认为，如果承认计算的局限性，计算方法在经济组织上的分析范围
将会扩大而不是缩小。一旦人们认识到计算过度并理解了它，那么我们就

---

* 原文 "Calculativeness，Trust，and Economic Organization"，载于 *Journal of Law and
Economics*，Vol. 36，No. 1，Part 2，John M. Olin Centennial Conference in Law and Economics
at the University of Chicago，（Apr.，1993），453—486。

① Diego Gambetta，"Can We Trust Trust?" In *Trust: Making and Breaking Cooperative
Relations*，ix（Diego Gambetta ed. 1988）.

预见到会产生扭曲事实的结果，从而在设计阶段就把这样的情况考虑进去。如此一来，我们就以（更有远见的）计算方式应对了过度计算。

1.1 经济学和相邻学科①

经济分析和经济推理在相邻的社会科学中的运用——主要是法学、政治学和在过去30年里明显增多的社会学。约翰·R. 康芒斯很早的时候就认为"法学与经济学"是联合的整体，可以肯定的是，这个观点是值得称道的。② 那时候康芒斯所参与的制度经济学研究还没有取得什么巨大的成就③，然而，经济学在法律上的第一次协同运用主要集中在了反垄断上。④ 这一状况在1960年罗纳德·科斯关于"社会成本"论文⑤的发表和圭多·卡拉布雷西（Guido Calabresi）关于侵权行为的相关研究⑥问世后迅速改变了。从那以后，经济学几乎进入了法学的各个领域。⑦

经济学和政治学的结合也发生了很大的转变。肯尼斯·阿罗关于社会选择的著作⑧，安东尼·唐斯（Anthony Downs）对于民主制的经济学解读⑨，曼瑟·奥尔森（Mancur Olson）关于集体行动的逻辑⑩，詹

---

① 这一标题借用了罗纳德·科斯同样话题的一篇论文，"Economics and Contiguous Disciplines," 7, *J. Legal Stud.*, 201, (1978)。

② 参见 John R. Commons, *Legal Foundations of Capitalism* (1924)；John R. Commons, *Law and Economics*, 34, *Yale L. J.* 371 (1925)。

③ 源于康芒斯传统的对法律和经济学最重要的贡献在于他的著作 "*Legal Foundations of Capitalism*"。尽管重要的老式的制度经济学陷入了方法论方面的争议，并且没有拿出研究议程来和正统的学说竞争［参见乔治·斯蒂格勒的相关言论，Edmund W. Kitch, The Fire of Truth: A Remembrance of Law and Economics, Chicago, 1932—1970, 26 *J. Law and Econ.*, 163, 170 (1983)]。我认为有些总结过于犀利了，他们觉得美国制度学家的研究"没有带来任何成果……由于没有理论，制度学家们没有将研究赖以传承下去的载体"［Ronald H. Coase, "The New Institutional Economics," 140, *J. Inst. and Theor. Econ.*, 229, 230 (1984)]。

④ Richard A. Posner, "The Chicago School of Antitrust Analysis," 127, *U. Pa. L. Rev.* 925 (1979).

⑤ Ronald H. Coase, "The Problem of Social Cost," 3, *J. Law and Econ.*, 1 (1960).

⑥ Guido Calabresi, "Some Thoughts on Risk Distribution and the Law of Torts," 70, *Yale L. J.*, 499 (1961).

⑦ Richard A. Posner, *Economic Analysis of Law* (1977), 454.

⑧ Kenneth J. Arrow, *Social Choice and Individual Values* (1951).

⑨ Anthony Downs, *An Economic Theory of Democracy* (1957).

⑩ Mancur Olson, *The Logic of Collective Action* (1965).

姆斯·布坎南和戈登·塔洛克（Gordon Tullock）对宪法方面的研究①，都牵涉到这个转变。《法律、经济学和组织杂志》（*Journal of Law, Economics, and Organization*）最近的一些会议卷②表明，把经济推理用来审视政治学和政治制度的现象已经很广泛了，并且对于某些问题，经济学甚至是基础性的。

相比而言，经济学与社会学之间的关系就没那么近了③，尽管这也正在发生变化，尤其是在目前用"理性选择"的方法④来研究社会学已经成形的状况下。两者之间的鸿沟仍然需要弥合。于是，保罗·萨缪尔森（Paul Samuelson）从理性取向的角度对两者进行区分，他认为经济学是理性的，而社会学则是非理性的⑤。詹姆斯·杜森贝里（James Duesenberry）嘲讽道，经济学关注个体如何做出选择，而社会学则认为个体没有什么选择可做⑥。乔治·霍曼斯（George Homans）⑦和赫伯特·西蒙⑧都站出来反对杜森贝里的观点，他们认为社会学研究里也有对理性分析的运用，并不存在那样的区别，但是这种区分依然存在。

人们可能会问：经济学在走向法学、政治学和社会学时的成功背后原因是什么？罗纳德·科斯指出，黏合这些不同学科学者的是"以下几方面中的一个或多个：共同的分析技术、共同的理论或方法，以及共同

---

① James Buchanan and Gordon Tullock, *The Calculus of Consent* (1964).

② 1990 年会议那一卷是"政治制度的组织"（The Organization of Political Institutions），而 1992 年那一卷讨论的是"行政法律和程序的经济学和政治学"（The Economics and Politics of Administrative Law and Procedures）。

③ 经济学和社会学之间大部分的距离看起来可以归结于对社会学这门新学科的需求，需要社会学以避免和经济学相冲突的方式来界定自己，经济学已经从社会学剥离出来了。参见 Richard Swedberg, "Economic Sociology: Past and Present" 35, *Current Soc.*, 1 (1987).

④ James Coleman, *Foundations of Social Theory* (1990); Siegwart Lindenberg, "Homo Socio-economicus: The Emergence of a General Model of Man in the Social Sciences," 146, *J. Inst. and Theor. Econ.*, 727 (1990); Michael Hecter, *Principles of Group Solidarity* (1987).

⑤ Paul Samuelson, *Foundations of Economic Analysis* (1947).

⑥ James Duesenberry, "An Economic Analysis of Fertility: Comment," in *Demographic and Economic Change in Developed Countries*, 233 (1960).

⑦ George Homans, "Social Behavior as Exchange," 62, *Am. J. Sociol.*, 597 (1958).

⑧ Herbert Simon, "Rationality as Product and Process of Thought," 68, *Am. Econ. Rev.*, 1 (1978).

的研究主题"。① 在短期内，尽管某些技术或特殊方法的使用可以让经济学家从一个领域成功地进入另一个领域②，但科斯认为，从长远来看，研究主题才是起决定性作用的："经济学家研究社会制度的运作方式，社会制度将整个经济体系捆在一起，这个体系包括企业、商品和服务市场、劳动力市场、资本市场、银行系统、国际贸易等。正是这些社会制度的共同关注点将经济学的专业性区分出来。"③ 科斯后来还说，正是因为经济学家"将经济体系作为统一的整体来研究……所以比起不习惯用整体视角看待问题的人们，他们更有可能发现一个社会体系中基本的相互关系。（并且）经济学的研究使人们很难忽视那些显然重要的因素，这些因素在所有社会体系中都发挥着作用（比如相对价格）。"④

在我看来，后面这些言论更像是对经济学方法而非经济主题的认可。不管怎样，我这里想强调的是经济学的研究方法，而不是经济主题。我对经济学方法和经济学逐渐扩展到的相关社会科学领域的讨论都是建立在计算的基础之上的。[我认为这是被加里·贝克尔（Gary Becker）⑤ 广泛而有效地运用过的策略。]⑥ 需要注意的是，计算的经济推理会有不同的形

---

① Ronald Coase, "Economics and Contiguous Disciplines," 204.

② 同①.

③ 同①206—207.

④ 同①209—210.

⑤ Gary Becker. *The Economic Approach to Human Behavior* (1976).

⑥ 不完全缔约是交易成本经济学运用的方法，有限理性是它的主要特点。需要注意的是，不完全缔约和贝克尔研究的最优设置之间是有实实在在区别的。然而，赫伯特·西蒙的观点和这两点都不一样。贝克尔过度地使用了超理性（Simon，见前注，2），而我使用了缺乏经验支持的不完全缔约设置 [Herbert Simon, Organization and Markets, 5, *J. Econ. Persp.*, 25, 26—27 (1991)]。贝克尔是自己的最佳代言人。就我而言，我会说交易成本经济学中的实证研究比西蒙所认为的更多 [参见 Oliver E. Williamson, *The Economic Institutions of Capitalism* (1985), ch. 5; Paul Joskow, "Asset Specificity and the Structure of Vertical Relationships: Empirical Evidence," 4, *J. L. Econ. and Org.*, 95 (1988); Paul Joskow, "The Role of Transaction Cost Economics in Antitrust and Public Utility Regulatory Policies," 7, *J. L. Econ. and Org.* 53 (1991); Howard Shelanski, *Empirical Research in Transaction Cost Economics: A Survey and Assessment* (未出版手稿, Univ. California, Berkeley, 1991)]，并呈指数级增长。乔斯科（Joskow）做了这样的总结：一般来说，"相比于产业组织，交易成本经济学中的实证研究处在更好的状况"（"The Role of Transaction Cost Economics in Antitrust and Public Utility Regulatory Policies," 81)。然而，他又很快补充道，我们还需要更多更好的理论研究和实证研究："永不停歇"（here is no rest for the weary）（同上，p. 82），我表示赞同。

式，价格理论、产权理论、代理理论、交易成本经济学都是其变体。[①]

1.2 交易成本经济学

制度经济学。制度经济学从宏观变量和微观变量这两个层面展开分析。宏观变量，尤其与道格拉斯·诺斯（Douglass North）对制度环境的研究[②]有关；微观变量针对的是治理制度。兰斯·戴维斯（Lance Davis）和诺斯对二者进行了区分[③]：

> 制度环境是指一系列为生产、交易和分配奠定基础的根本性政治、社会和法律规则，它们共同构成生产、交换和分配的基础，例如，各种支配选举、产权以及契约权的规则……

> 制度安排就是经济单位之间的某种安排，它规定了这些单位能够进行协作和/或竞争的方式。它……（能够）提供一种结构，使得各成员能在此结构中进行合作……抑或（它就能）提供一种可使法律或产权产生改变的机制。

我打算将这二者进行结合的方式是把交易（或一组相关的交易）所嵌入的制度环境看作一组可变参数，这些参数的变化引发比较治理成本的改变。[④] 我会在本文的第 3 节继续对这些问题进行阐述。在这里，我的主要目的是探讨治理的基本原理。

---

① 这里需要加以解释的是，经济推理从反垄断的规律向更一般的规律所进行的大幅度扩展有着交易成本经济学的源头（Coase，"The Problem of Social Cost"）。经济推理最初在经济组织上的运用也直接或间接地依赖于交易成本的观点［Arrow，*Social Choice and Individual Values*；Kenneth J. Arrow，"The Organization of Economic Activity：Issues Pertinent to the Choice of Market versus Nonmarket Allocation," in 1 U. S. Joint Economic Committee，91st Cong.，1st Sess.，The Analysis and Evaluation of Public Expenditure：The PPB System，59 (1969)；Oliver E. Williamson，"Markets，and Hierarchies：Analysis and Antitrust Implications"（1975）；Armen Alchian and Harold Demsetz，"Production，Information Costs，and Economic Organization," 62，*Am. Econ. Rev.*，777 (1972)；Michael Jensen and William Meckling，"Theory of the Firm," 3，*J. Fin. Econ.*，305 (1976)］。

② Douglass North，"Institutions," 5，*J. Econ. Persp.*，97 (1991).

③ Lance E. Davis and Douglass C. North，*Institutional Change and American Economic Growth*，6-7 (1971).

④ Oliver E. Williamson，"Comparative Economic Organization：The Analysis of Discrete Structural Alternatives," 36，*Admin. Sci. Q.*，269 (1991).

治理。尽管高度理性使经济学具有深刻的洞察力，在某些阶段，我们还需要描述"作为人，其行为是受到现实制度所制约的"。[1] 经济行为人有哪些关键的特征？

交易成本经济学建立在机会主义和有限理性这两个关键的行为假设基础之上。[2] 有限理性是认知上的假设，有限理性认为经济主体是"有意图的理性，但仅仅有限度地如此"[3]。有限理性的直接后果就是：复杂的经济组织形式（如完备有索取权缔约，complete contingent-claims contracting)[4] 变得不可行。单独看来，这是一个消极的结果，但实际并不止于此。如果心智是稀缺资源[5]，那么理性的节约就是必要的。如此一来，经济学的研究方法就可以用来解释更多的问题了。"自觉、慎重和有目的"地使用组织，那么节约有限理性就变成内生的了。[6]

机会主义是一个寻求自利的假设。在简单的寻求自利基础上，经济主体会不断地根据自己的喜好行事，但在磋商时也会坦率地披露所有与调查相关的信息说明条件，并切实地履行所有的约定。而机会主义者的自利还在于欺诈行为。这样一来，经济主体是否会说实话、是否交代所有事实、是否只讲真相，以及是否以负责任的态度可靠地自我执行已达成的契约就成问题了。尽管这也是一个消极的结果，但同样随之也带来了一项积极的研究议程。

我们可以或宽泛或狭隘地来解释机会主义带来的教训。马基雅维利

---

[1] Coase, "The New Ingtitutional Economics," 231.

[2] 有限理性中被强调得最多的一点是有限的认知能力。非理性或者满意度被经常认为是通过有限认知能力被说明的。然而，有意图的（但是有限的）理性是一个更广泛的概念。不仅理性的主体试图有效地抵抗有意的理性（这里并不包含非理性，除非在某些也许病态的事件中），而且满意度也只是这种抵抗的表现之一。满意度方法被心理学所接受，并且通过期望水平的机制起作用，但还没有在经济学的范畴内得到广泛应用［Kenneth Arrow and Seppo Honkapohja eds. 1985. 也可参见 Kenneth Arrow, "Reflections on the Essays," in *Arrow and the Foundations of the Theory of Economic Policy*, 734 (George Feiwel ed. , 1987)］。

[3] Herbert Simon, *Administrative Behavior*, XXIV (2nd ed. 1957).

[4] Roy Radner, "Competitive Equilibrium under Uncertainty," 36, *Econometrica*, 31 (1968).

[5] Simon, "Rationality as Product and Process of Thought," 12.

[6] Chester Barnard, *The Functions of the Executive*, 4 (第 15 次印刷, 1962) (第 1 次印刷, 1938)。

（Machiavelli）的理解是缺乏远见的，他向王子建议，王子可以而且必须违约而不受惩罚。[1] 相反，交易成本经济学认为，特别是在认识到机会主义是有风险的基础上，聪明的（有远见的）王子会做出可信的承诺，别人也会对他做出可信的承诺。计算的程度越高就会带来越好的交易。[2] 如果经济主体对其所处经济关系的理解更有远见，马基雅维利式的贪婪就不会存在了。

此外，还需要注意的是，关于可信承诺的观点是完全讲求实际的。不需要额外支持的契约（法律和经济学上的"理想"契约）不会被提供可信承诺。[3] 更一般地说，只有在具有成本效益的情况下，契约才会需要获取额外的支持，由此，计算性也就变得普遍了。

总的来说，有限理性和机会主义的教训会造成以如下综合结果：组织交易，以节约有限理性，同时保护交易免受机会主义的危害。当不完全契约被当成一个整体来研究时，可信承诺就会出现，同时对于强迫性计算（obsessive calculativeness）、简单性计算（truncated calculativeness）和反计算（anticalculativeness）的抱怨也就缓和了。

1.3 所谓的计算过度

强迫性计算。对经济组织的计算性研究可能并且有时候确实导致了对控制的过度需求。社会学的一个具有先见之明的教训就是，控制会带来预期和非预期的后果，而那些非预期的后果通常会导致一些不正常的功效。[4]

对这一发现可能的反应就是，认为经济学方法因其过于关注预期效应但忽略了非预期效应而存在缺陷。但这就等于假设经济学的研究方法无论怎样都不能或者不愿考虑所有相关的规律。如果更深一层的教训是要根据所有的后果——预期和（原本）非预期的后果，来设计控制系

---

[1] Niccolo Machiavelli, *The Prince*, 92-93 (1952).

[2] 参见 Oliver E. Williamson, "Credible Commitments: Using Hostages to Support Exchange," 73, *Am. Econ. Rev.*, 519 (1983). 理查德·道金斯（Richard Dawkins）在自利条件下对有意识的远见做出的评论是非常中肯的 [Richard Dawkins, *The Selfish Gene*, 215 (1976)]。

[3] Ian Macneil, "The Many Futures of Contract," 47, *S. Cal. L. Rev.*, 691 (1974), 738.

[4] Robert Merton, "The Unanticipated Consequences of Purposive Social Action," 1, *Am. Sociol. Rev.*, 894 (1936); James G. March and Herbert Simon, *Organizations* (1958).

统，并且如果经济学可以将这个更深刻的教训用到实践中，那么，说经济学方法很容易导致强迫性计算就未免过于夸张了。正确的观点应该是，计算的肤浅运用可能并且有时候确实会（计算。——编译者注）过度，但这通常是可以弥补的。在被告知附加后果的情况下，这些问题就会在设计操作之初就被作为影响因素纳入考虑。（由此我们就得到了用计算来解决计算过度的方法。）

简单性计算。很多经济组织模型都是按照简化逻辑运作的。按照这种逻辑，经济行为人被认为是目光短浅的。凯恩斯式宏观经济模型的很多方面就是按照一种短视逻辑运作的。蛛网模型①、进入壁垒论②和研究经济组织的资源依赖方式③也都是如此。

交易成本经济学同样对所有这些条件做出反应：尽管复杂契约都不可避免地是不完全的，但一个有远见的研究契约的方法通常还是可行的。在这个过程中，我们可以解决许多由简单性计算带来的问题。

研究经济组织的两种方法即资源依赖性和可信承诺的区别有助于我们理解上文。资源依赖性方法关注权力差距，这种权力差距产生于当契约双方之间的依赖意外出现时。如果目光短浅的经济主体没有能力预测到根本性转变（fundamental transformation）——在契约履行和契约续签的间隙，最初众多符合要求的供应方合乎效率地转变为了少数的实际供应方——并为其做准备，就很容易出现资源依赖的情况。④ 如果不能预见到这种转变，双方在最初契约上达成一致后，合作的一方就可能发现自己在与另一方的关系中处于权力劣势。

交易成本经济学从效率的角度出发，认为相互依赖是（广义上）可预见的情况。因此，在专用资产（由此产生了双边依赖）产生的利润（增加收益和/或节约制造成本）超过所增加的额外治理成本时，专用性

---

① Ronald H. Coase and Ronald Fowler, "Bacon Production and the Pig Cycle in Great Britain," 2, *Economica*, 142 (1935).

② George Stigler, *The Organization of Industry* (1968).

③ Jeffrey Pfeffer and Gerald Salancik, *The External Control of Organizations* (1978); and Jeffrey Pfeffer, Power in Organizations (1981).

④ Williamson, *The Economic Institution of Capitalism* (1985), 61-63.

投资就会增加。于是，有远见的双方有目的地建立双边依赖关系，并通过契约来对其进行保护，但这仅存在于相关投资具有正净收益的情况。价格、专用资产和契约性保障都是同时决定的，否则就会产生（不愿看到的资源依赖性）问题，而计算就是这一问题的答案。

反计算：话语权（voice，这里指发表意见的权力。——编译者注）。另一个观点是，经济组织的计算性研究方法强调的是退出（exit，传统经济学将其看作是表达不满的手段），而忽视了话语权（与政治学联系在一起，并且据说只有很低的计算性）。[①] 交易成本经济学有时是备受指责的。[②]

我从两方面进行回应。首先，如果话语权在没有退出选项的情况下是相对无效的，实际情况显然是这样[③]，那么话语权就的确有计算性的一面。其次，话语权通过机制起作用，而这些机制通常是被精心设计出来的。

卡尔·卢埃林把契约看作框架[④]，而不是法律条款，这一观点相当中肯："法律合同最重要的地方是，它提供了……一个高度可调节的框架，虽然这个框架可能从来都不能精确地说明真实发生的情况，但是，它提供了使各种真实发生的关系围绕其变动的一个大致说明：当人们遇到疑惑时，它可以提供必要的指导；当契约关系实质上终止时，它可以作为诉诸法律的标准"（下划线为后加的。——编译者注）。

很清楚，卢埃林对话语权做了规定：（双边依赖）契约双方在遇到意外干扰时会努力寻求问题的解决方案。广义上讲，契约起到了框架的作用。然而，卢埃林发现当契约双方无法调和他们之间的分歧时，契约还能充当商讨最终诉求时遵循的原则。因此，对退出选项应该保留，但是法

---

① Albert O. Hirschman, *Exit, Voice and Loyalty* (1970).

② Mark Granovetter, "Economic Action and Social Structure: The Problem of Embeddedness," 91, *Am. J. Sociol.* 481 (1985); Mark Granovetter, "The Sociological and Economic Approaches to Labor Market Analysis," in *Industries, Firms, and Jobs* (George Farkas and Paula England eds. 1988).

③ Hirschman, *Exit, Voice and Loyalty* (1970).

④ Karl N. Llewellyn, "What Price Contract? An Essay in Perspective," 40, *Yale L. J.*, 704, 736-737 (1931).

庭秩序提供了退出威胁立场的界限。退出的条款是由契约决定的，知道了这一点，通过话语权进行的讨价还价就受到了很大的影响。

然而，还不止如此。话语权的细节通常是由契约条款来规定的。我们来看一下内华达电力公司和西北贸易公司之间的 32 年煤炭供应协议[1]中的条款：

> 当对一方当事人有不利影响的不公平情况出现时，契约双方平等负有的共同责任是，迅速而真诚地采取行动，决定旨在消除或者调整这种不公平所需要的措施，并且有效地实施。当一方当事人向另一方送达不公平的书面声明时，双方必须采取联合行动，在这种书面申请被提出之日起六十（60）天内，就所声明的不公平达成协议。调整后的煤炭基价与市场价的差额不应超过百分之十（10%）。声称不公平的一方应在其书面要求中写进能够合情合理地证明该声明所必需的信息与数据，同时还必须免费且及时地提供另一方可能合情合理地认为是有关的和必需的其他信息与数据。如果双方在六十（60）天内不能达成协议，就应将此事提交仲裁。

显然，预期到的话语权据以运作的方式已经被提前设计出来了。所以，在事后治理（如话语权）的设计中已经包含了计算性。

此外，如前所述，交易成本经济学认为事后治理是以不同的方式和交易需求保持一致的。一些交易，并非所有交易，被提供了发表意见的机制。但是在古典交易中，一方自行其是而并未增加另一方的成本，结果是计算性广泛存在，尽管计算性方法比正统经济学（只有退出机制，没有话语权机制）需要更多、更周密的考量。话语权的重要性并没有受到丝毫的怀疑，相反，它被包含在更广泛的计算范围之内了。

2. 计算性信任[2]

我在这一节和接下来两节的目的是，考察上述提到的"难以理解

---

① Williamson, *The Economic Institution of Capitalism* (1985)，164-165.

② 关于信任的文献数目众多，其中一些明显是来自这种讨论。更广泛的概述，参见 Craig Thomas, *Public Trust in Organizations and Institutions：A Sociological Perspective* (1991)。

的信任概念"①。我将首先考察一系列涉及"信任"和"风险"这两个术语的例子——这两个术语是同义替换的，在社会学文献中已经成为一种标准做法——然后对交易成本经济学赖以运作的简单契约框架加以概述。如前所述，交易成本经济学提到了契约保障或者契约保障的缺失，而不是信任或者信任的缺失。鉴于有效的保障措施已经被设计出来以支持更有效的交易，我认为用"信任"这个术语来解释这样的商业交易将是多余的，并且可能产生误导。计算性信任在术语上是矛盾的。

2.1 信任与风险

"信任"是褒义词，"风险"也同样如此。社会科学家早已将各种信任状况描述为"那些涉及风险状况的子集。在这些状况中，一个人所承担的风险取决于另一个行为人的行为"②。按照这种说法，当一个人把自己置于涉及另一个人的风险之中时，如果预期收益为正，那么信任就是有必要的，否则就没有必要。的确，做出接受这样一个风险的决定必然就意味着信任。③

甘贝塔组织了很有影响力的系列学术研讨会，反复探讨了这个主题，并且以《信任：创造和打破合作关系》（*Trust：Making and Breaking Cooperative Relations*）为题进行了发表。这本书同意下述统一评论④，"在信任的定义中存在一定程度的收敛，可以概括如下：信任……是一个特定的主观概率水平，一个行为主体以此概率水平去判断另一个主体或主体群将采取某个特定行动的可能性……当我们说信任某人或某人值得信任的时候，隐含的意思是，这个人将采取对我们有益的或者至少是无害的行动的概率水平很高，足以让我们考虑与他进行某种形式的合作。"杰弗瑞·布拉达奇（Jeffrey Bradach）和罗伯特·艾克利斯（Robert Eccles）最近在《社会学评论年刊》（*Annual*

---

① Gambetta，"Can We Trust Trust?" ix.
② Coleman，*Foudation of Social Theory*（1990），91.
③ 同②105.
④ Gambetta，"Can We Trust Trust?" 217.

Review of Sociology）上发表了《价格、权威和信任》（Price, Authority, and Trust）① 一文，明确地接受了这种观点。正如下面将要讨论到的，戴维·克雷普斯（David Kreps）② 和帕萨·达斯古普塔（Partha Dasgupta）③ 在他们用博弈论对信任进行的处理中使用了类似的概念。其结论是，通过把"被计算的信任"（calculated trust）作为"被计算的风险"（calculated risk）的子集，人们认为"信任"变得更清晰和更易于操作了。

詹姆斯·科尔曼（James Coleman）在讨论"信任关系"（relations of trust）的那一章中，通过 3 个例子阐述了研究信任的理性选择方法。④ 第一个例子讲的是，有一个挪威船主急需 20 万英镑的贷款来取回在阿姆斯特丹修理的船；第二个例子讲的是，一个农夫来到一片陌生的土地，他的农具意外受损的事；第三个例子讲的是，一个移民的中学女孩在新环境里缺乏伙伴的事。

挪威船主不付钱，阿姆斯特丹的船坞便不肯将修好的船还给船主，于是船主打电话给在伦敦的汉布罗商业银行申请贷款。在 3 分钟内，汉布罗银行就安排了阿姆斯特丹银行把钱付出去，于是船主被告知，他可以把自己的船领走了。科尔曼对这个例子概括如下：⑤

> 这个例子明显包含了信任。汉布罗银行的挪威部经理信任给他打电话的挪威船主，信任的结果是给了该船主 20 万英镑贷款。双方没有签署任何协议，也没有任何交易文本，除了船主的还款意愿和汉布罗银行那个经理对船主人品和还款能力的信任外，没有任何实质的东西。同样，阿姆斯特丹银行仅凭电话里的请求就相信了汉

---

① Jeffrey Bradach and Robert Eccles, "Price, Authority, and Trust," 15, *Am. Rev. Sociol.* 97 (1989).

② David M. Kreps, "Corporate Culture and Economic Theory," in *Perspectives on Positive Political Economy* (James Alt and Kenneth Shepsle eds. 1990).

③ Partha Dasgupta, "Trust as a Commodity," in *Trust: Making and Breaking Cooperative Relations* (1988), 49.

④ Coleman, *Foundations of Social Theory*, (1990).

⑤ 同④92.

布罗银行，并同意支付 20 万英镑。它愿意支付这笔钱是因为他相信汉布罗银行会在周一上午还清这笔款项。

在农夫的例子中，干草打捆机坏了，草料就要被雨水淋坏了。邻居把自己的打捆机借给了农夫，并且免费帮他捆草，从而避免了一场损失。当得到帮助的农夫问邻居，需要用什么来回报他时，邻居说，"只需要打捆机工作时耗费的油钱"。科尔曼认为这是"第二个农夫对第一个农夫的信任，属于遇到麻烦、需要帮助时的信任。当他向第一个农夫寻求帮助时，第一个农夫也会帮他，就像他在这种情况下所做的那样"①。

在第三个例子中，一开始中学女孩同意让一个男孩陪她一起步行回家。男孩要求走树林里的小路，女孩也同意了。然后，男孩提出性要求，女孩拒绝了。结果，男孩施以暴力，并将女孩强奸。科尔曼认为，这是"一个包含信任的特殊情况下的特殊例子"。在这个例子中，处于弱势地位的女性将她自己置于危险之中，"在某些时候，就像本例中一样，信任了不该信任的人"②。

另一个被普遍认为反映了信任的例子是纽约的一个钻石商的故事。约兰·本-普劳斯（Yoram Ben-Porath）把这个关系描述成大多数交易"是通过握手达成的"。③ 如果没有犹太人社会中普遍存在的信任，这样的交易是不可能做成的。有意思的是，据说那些信任的条件正在发生变化。一个年迈的以色列钻石商是这样描述这些变化的："当我最初进入这个行当的时候，人们的观念是，真诚和守信是做买卖的方式，正经人不会考虑采取坑蒙拐骗的方式来做生意。而现在，尽管很多交易仍然建立在信任和真诚的基础上，但之所以这么做是因为人们相信这样做对生意更有利，是赚取利润的手段。"④

詹姆斯·亨林（James Henlin）对出租车司机是否载客的决策的表

---

① Coleman，*Foudations of Social Theory*（1990）93.

② 同①94.

③ Yoram Ben-Porath，"The F-Connection：Families，Friends，and Firms and the Organization of Exchange," 6，*Population and Dev. Rev.* 1（1980）.

④ Lisa Bernstein，"The Choice between Public and Private Law"（Discussion Paper No. 70，Harvard Law School，Program in Law and Economics，1990），38.

述，被克拉格·托马斯（Craig Thomas）① 用来说明"以性格为基础的信任"："出租车司机并不能通过以往经验判断将要上他车的乘客的各种具体情况，他必须根据当时的场景、乘客的外貌和举止来决定是否停车（搭载他。——编译者注）。亨林……认为，信任存在于自我介绍的演员和与他产生互动（信任）或者没有互动（不信任）的观众之间。"

近来，对经济组织的博弈论研究都提到了信任，这通常是针对连续重复博弈的参与者而言的。戴维·克雷普斯（David Kreps）对博弈的描述很具代表性：基本的结构是单边囚徒困境博弈，每一局博弈中有两步行动。先由参与人 X 决定以身犯险（"信任 Y"）还是不这样做（"不信任 Y"）。如果参与人 X 承担危险，则参与人 Y 要决定利用参与人 X（"滥用 X 的信任"）还是不利用（"尊重 X 的信任"）。其结果是，信任/尊重使共同的收益最大化。但如果参与人 Y 滥用 X 的信任，Y 自己的直接收益就得到了最大化，在一次性博弈的情况下，就将会得到无信任/不参与的结果。

于是，克雷普斯转而研究重复博弈，在这样的博弈中，每一局后都紧随着下一局的概率很高，使得分析也发生"戏剧性的"变化。② 例如，X 告诉 Y，"我先信任你，希望你能尊重这份信任。确切地讲，只要你不滥用我对你的信任，我会一直信任你。不过，一旦你滥用我的信任，我就绝不再信任你。"如果 Y 听到并且相信了这番话，且如果这个博弈是重复发生的（具有很高概率），那么"尊重-信任"的结果就会自动出现。③ 尽管是在商业条件下，这个博弈的重心显然在于信任和尊重。

用博弈论研究来信任，做得最全面的也许就是帕尔萨·达斯古普塔（Partha Dasgupta）的"作为商品的信任"（trust as a commodity）一章了。他先宣称："信任是所有交易的核心，然而经济学家却极少讨论这个话题。"④ 他做了如下解释⑤，"要在个人之间发展信任，当事人就要

---

① Thomas, *Public Trust in Organization and Institutions: A Sociological Perspective* (1991), 22.

② Kreps, "Corporate Culture and Economic Theory," 102.

③ 同②103.

④ Dasgupta, "Trust as a Commodity," 49.

⑤ 同④59.

反复接触，并且对之前的经历有所记忆。此外，要使诚实具有观念的作用，那么诚实的行为中就必定包含某种成本。最后，信任是和声誉联系在一起的，而声誉是必须得到的。"达斯古普塔还进一步说道："如果激励'得当'，甚至一个值得信任的人都会变得不可信任。"[①]

2.2　简单契约模式

风险必然带来概率性的结果。如果一次冒险有好的和坏的两种结果，每种结果的效用值分别为 G 和 B，并且如果好结果发生的概率为 q，那么该冒险活动的预期效用值可以表示为 $V = qG + (1-q)B$。

有时，行为人可以采取行动来弱化坏结果增强好结果。我将把有效的精心计算定义为这样一种情况：在这种情况下受影响的各方：（1）知道可能的结果范围和它们的相关概率；（2）采取有效的行动来减少风险，增加收益；（3）仅在预期净收益能够被预估出来的情况下进行交易；（4）如果 X 能与几个 Y 中的任意一个完成交易，交易将被分配给预期净收益最大的那个 Y。[②]

交易中的各方充分理解他们作为其中一部分的这种契约关系，并以精心计算的方式来应对这种关系。[③] 交易成本经济学反复提到的简单契约模型将交易描述为一种三维向量组合（p, k, s）。这里，p 指交易发生的价格，k 代表与交易有关的风险，s 指嵌入交易之中的各种保障措施。价格、风险和保障三者是同时被确定的。

图 1 展示了向量中每个元素的取值。如图所示，点 A 没有任何风险，所涉及的货物或服务完全是通用的，货物和服务的交易是一手交钱一手交货。这就是被麦克尼尔（Macneil）描述成"始于明确协议带来

---

① Dasgupta，"Trust as a Commodity," 54.

② 这看起来和最大化收益没有什么区别——至少如果考虑到以下几点是这样：（1）缔约的不完全性；（2）信息的粗糙质量；（3）分立选择。满意与最大化的对照讨论，参见 Oliver Williamson， "Transaction Cost Economics and Organization Theory," 2, *Indus. and Corp. Change*，165 (1993).

③ 尽管精心计算普遍存在，但是交易还是经常使用承诺、信任、帮助和合作性等词语。这是可以理解的，因为巧妙地使用语言可能促成很多交易，而这些交易原本可能被伤感情的计算所破坏。然而，如果基本的交易是由客观因素积累起来的，那么精心计算（可信性、风险、保障、净收益）就成为交易的关键所在了。

的清晰；终于确切效果形成的鲜明"① 的古典市场交易。

假设供应商以竞争性方式组织起来，且为风险中性的，那么就好做比较了。因此，所提供的产品的价格，就反映了预期的盈亏平衡情形。和点 A 相关的盈亏平衡价格是 p。由于没有风险，k 的值就是 0。同时，保障措施也没有必要②，s 的值也是 0。

点 B 更有意思。这里的契约风险是 $\bar{k}$。如果买方没有能力或者不愿提供保障，那么 s 的值是 0。相应的盈亏平衡价格是 $\bar{p}$。

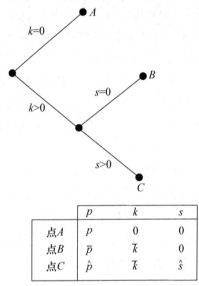

	p	k	s
点A	p	0	0
点B	$\bar{p}$	$\bar{k}$	0
点C	$\hat{p}$	$\bar{k}$	$\hat{s}$

图1　简单契约模式

点 C 处于同样的契约风险中，也就是 $\bar{k}$。然而，在这种情况下，提供了总量为 $\hat{s}$ 的保障。在这些条件下的预期盈亏平衡价格是 $\hat{p}$，$\hat{p}<\bar{p}$ 是最基本的。③

① Macneil，"The Many Futures of Contract，" 738.
② 换句话说，（抛开过度的问题不谈）各方能够各行其道而不对对方造成任何费用。竞争提供了保障。
③ 更系统的阐释，参见 Williamson，"Credible Commitments：Using Hostages to Support Exchange"。相关的实证研究，参见 Scott Masten and Keith Crocker，"Efficient Adaptation in Long-Term Contracts：Take or Pay Provisions for Natural Gas，" 75，*Am. Econ. Rev.*，1085（1985），以及相关研究报告参见 Paul Joskow，"Asset Specificty and the Structure of Vertical Relationships：Empirical Evidence"。

按照第 2.1 节的说法，点 A 没有风险，因此不需要信任。相反，点 B 和点 C 存在风险。用信任的术语来讲，点 B 是低信任结果，点 C 是高信任结果。

请注意，布拉达奇和艾克利斯认为，"交易双方的相互依赖（即 $k>0$）……（增进）了信任，这与交易成本经济学关于'……依赖……产生机会主义行为'的核心观点形成鲜明的对照。"[①] 然而，交易经济学所说的是，由于机会主义者并不会强迫自己无限度地承诺对其行为负责，有效的交易只有在依赖得到可信承诺支持的情况下才能实现。如果交易各方富有远见，并根据交易来考虑相关风险，那么该交易是否就暗示了双方存在信任？〔即如果有效的契约保障（$s>0$）将风险（$k>0$）减少，那么就会出现更好的价格（$\hat{p}<\bar{p}$）。〕实际上，我还是认为，信任与商业交易无关，在这方面提及信任将会带来混乱。

还需注意，虽然可信承诺避免了违约，并且支持更有效的交易，但违约并未被完全排除。相反，如果在某些情况下兑现承诺是没有效率的，那么这些情形下的最佳契约行为将是违约的。虽然商业契约的有效违背很容易通过契约的精心计算方式进行调和，但信任可以被有效破坏的说法却受到了极大的考验。如果坚持以一种限制方式对信任进行应用，那么很多关于契约法的文献就会变得很清晰了。

2.3 应用

如果各种计算性的关系通过计算的方式进行最佳描述，那么进一步来说，就应尽可能地避免使用有歧义的术语，信任就是这样的让人困惑的术语。正如下文所讨论的，前面列举的所有例子都可以从效率和可信任方面来解读，只有一个例子除外。（这个例外就是那个遇袭的女孩的例子，但我认为，那也并不是一种对信任有着恰当描述的情况。）如果我的观点被广泛接受，那么，接下来人们对"信任"一词的使用会变得更加谨慎——即使不是太普遍，至少在社会学家那里也会如是。

挪威船主。挪威船主需要一笔贷款。用 q_1、q_2 和 q_3 分别表示船坞、

---

① Bradach and Eccles, "Price, Authority, and Trust," 111.

阿姆斯特丹银行和伦敦商业银行（汉布罗银行）预期的好结果（及时还款和未来有利润的业务）的概率。$G1$、$G2$ 和 $G3$ 是对应的收益，$B1$、$B2$ 和 $B3$ 是对应的损失，每个值都与挪威船主进行的交易直接相关。则预期净收益可以表示为 $V_i = q_i G_i + (1-q_i) B_i$。我对科尔曼理论的理解是，汉布罗银行的交易能够实现，而其他两方不能实现（直接交易。——编译者注）的原因在于 $V_3 > 0$（商业银行信任挪威船主），而 $V_1 < 0$、$V_2 < 0$（船坞和阿姆斯特丹银行不信任挪威船主）。作为一个良好的商业实践，汉布罗银行应该在 $V_3 > 0$、$V_3 > V_1$ 及 $V_3 > V_2$ 的条件下实现交易。

我的理解是：（1）当事各方都会精心计算；（2）贷款由获得最大预期收益的一方提供；（3）没有涉及任何的信任。最适合承担风险的是伦敦商业银行，我推测，这是因为它对船主最了解，也最有未来业务的合作前景。的确，阿姆斯特丹的船坞也许有见款才放船的政策，但这并非因为这个船坞总是计划预期收益为负的项目。相反，这样的政策对于造船这样的体系来说是非常有效率的决策之一。[①] 船坞知道与造船相关的方方面面，但对客户的财务状况却知之甚少，对既有业务的持续也很难有保障，通过法庭追回未付款项的能力也有所不足。由于商业银行在上述所有几个方面都更具优势，船坞方就采取了这样的措施：由一方专门负责生产，而另一方承担全部的财务风险。

甚至可以假设，在诉诸法律的时候，相比阿姆斯特丹银行和船坞，伦敦商业银行更适合承担风险，难道信任不能通过伦敦商业银行对挪威船主个人人品的了解而产生吗？换句话说，除了上文所提到的客观属性之外，对个人人品的特殊了解会不会也促成伦敦商业银行帮助挪威船主获得贷款，然后就有了信任？

我认为，伦敦商业银行对挪威船主人品的深入了解仅仅能够帮助其改进对人品的评估。在这层意义上来讲，伦敦商业银行能够更好地做出

---

① 正文中给出了主要的系统论证。但还有另外一种可能，船坞（或者更一般地说，相对于银行家的商人）是乐观主义者，所以其对于好结果的主观预期概率超过了客观情况。拒绝将修好的船交付挪威船主也许是控制过度乐观的一个好方法。拥有"严格而专断"的政策的一个重要但很少被提到的目的，就是防止交易中的各方受怪异诉求的影响。

评估，但并不意味着他对挪威船主的人品有更积极的评价。（事实上，伦敦商业银行也许会因为了解到挪威船主是个骗子而拒绝贷款给他。）更一般地说，如果 N 个船主向汉布罗银行提出相同的贷款请求，并且只有 $M<N$ 个被批准，我们会得出怎样的推断？我认为，在整个过程中，计算都起到了决定性的作用，引出信任只会将计算的（清）水搅浑。

干草打捆机。 干草打捆机的例子提出了非正式组织的问题。如果事故是随机发生的，且如果在紧急援助的情况下定价存在大量的不确定性，那么将这些交易嵌入制度的结构中就是有利的，在这种结构中，人们会对非剥削条款做出快速反应。一个非正式的、互惠的救助机制是一种可能的制度反应。

然而，欺骗仍是一种风险。为防止机会主义的农夫滥用非正式的帮助，需要有制裁的措施。因此，尽管几乎所有关于紧急援助的请求都会引起快速有利的反应，但是知恩不报的行为不会被忘记和原谅。并且，如果继续如此，就会引至道德上的劝告，再往后，最终就会遭到制裁——被人们所排斥并拒绝给予任何援助。这样，非正式组织的效力开启了计算性的支持。如果近乎自发的、无价的帮助是最有效率的反应，假设紧急援助有惩罚措施作为保障，并且最终都是以互惠为条件，那么计算会自然流行，而呼吁信任不会带来任何好处。

然而，"应对问题的实践是由制裁来维持"的附加条件是极其重要的。在那些非正式组织的惩罚软弱无力的地方，依赖于互惠责任感的延期支付制度就不那么可行了，"自发性的"合作就不那么多了，并且/或者在提供紧急援助的情况下就会期望（要求）立即付款。

钻石交易商。 钻石交易商之间的信任表象是具有欺骗性的。马克·格兰诺维特（Mark Granovetter）认为，这些交易"被嵌入钻石交易商们紧密的组织之中，在这一组织里，他们严格地监督着每一个人的行为"[1]。丽莎·伯恩斯坦（Lisa Bernstein）[2]对此进行了解释：

---

[1] Granovetter，"Economic Action and Social Structure：The Problem of Embeddedness，" 492.

[2] Bernstein，"The Choice between Public and Private Law，" 35-36.

钻石行业的独特之处不是信任和声誉在商业交易中的重要性，而是这个行业能够以足够低的成本利用声誉/社会约束来建立起一个私人法体系，以使得大多数交易能够完全在法律制度之外实现，大多数契约能够完全在法律之外执行……这是通过两个主要方式来实现的：（1）声誉的约束；（2）一个私人仲裁体系，该体系的损害赔偿不受预期的损害限制，裁定是由声誉约束和社会压力来执行的。

换言之，点 C 的"信任关系"并不是因为钻石行业有幸是由一个充满信任的民族社区组织起来的。相反，组织这个市场的犹太民族社区之所以能够获得成功，是因为它能够比竞争对手更有效地提供有效的制裁。而且，直到最近，这些制裁的效能①都依赖于严格的准入制度：在过去，犹太人在他们所居住的国家形成了一个充满凝聚力且地理上集中的社会群体，犹太人的法律提供了规范商业行为的详细的实质性规则，犹太人群体也提供了一系列解决法律外纷争的制度。对于非犹太人来说，这种违规的制裁措施是软弱无力的——因此只有在规则给他们以方便的时候，他们才会遵守规则——那么非犹太人就可能不会被允许进入点 C 的状态。②

---

① Bernstein，"The Choice between Public and Private Law，" 41.

② 有时候会出现"最后阶段"的问题。如果犹太人在最后的交易中依然守约，那这意味着信任还是可操作的吗？即使退休了的犹太人继续留在他们所处的集体中（在这种情况下他们仍将服从制裁）或者保持强烈的宗教意识，我的观点也仍是否定的。陀思妥耶夫斯基（Dostoyevsky）在《卡拉马佐夫兄弟》（The Brothers Karamozov）中讲述的退休后留在集体中的犹太人和非法买卖之间的对比，是颇具指导意义的。拉塞尔•哈丁［Russell Hardin，"Trusting Persons，Trusting Institutions，" in *Strategy and Choice*，185（Richard J. Zeckhauser ed.，1991）］对这一事件重新进行了讲解：

（一个）中校……为他所效力的军队管理很大一笔钱。每当账目定期审计结束，他就会把钱拿去给商人特里福诺夫，后者会给他利息和礼物作为回报。事实上，中校和特里福诺夫两人都从这笔钱中获利了，因为要不是有这样的交易，资金就会闲置，不能为任何人谋利。因为这种做法是高度违规的，所以他们两人之间的交易是秘密进行的，这笔交易全赖两者之间的相互信任，不受契约法的约束。当有一天中校的位置突然换成了别人，他于是要求特里福诺夫把他最后交付的一笔 4 500 卢布返还给他。特里福诺夫则说，"我从来没有而且不可能从你那里收到过一分钱。"

虽然哈丁将中校和特里福诺夫之间的关系说成是"个人信任"，但我认为特里福诺夫却是精心计算地对待（中校也早该清楚这一点）这个关系的——种不受法律和社会制裁的自我执行的契约［Lester Telser，"A Theory of Self-enforcing Agreements，" 53，*J. Bus.*，27（1981）］。

然而，这个行业的组织一直在随着新信息和新监督技术的发展而不断变化。（可以设想，族群制裁的功效可能正在减弱。）尽管受到"习惯于先与朋友和长期业务伙伴交易的老交易商"[①] 的抵制，新的治理结构[②]正在不断发展，"目前正在被世界钻石交易所联合会考虑的议案中就有：建立一个国际计算机数据库，来存储所有会员交易所的仲裁判决，以此建立国际统一的交易惯例，以及要求每个交易所配备传真机以便快速传播可靠信息的制度"。

这种变化类似于一项新的技术，在这里随着标准化机器的出现，干中学变得不那么必要了。在钻石行业的例子中，新的信息技术使交易的多样化变为可能。可以肯定的是，族群身份在市场中还是有价值的，但不同市场间的族群差异如今变得非常普遍。将先前的安排描述成高信任状态，而将目前正在兴起的安排描述成低信任状态，不但没有把事情说清楚，反而增添了混乱。二者都反映了计算性（而不是信任程度上的差异。——编译者注）。

换句话说，认为商业信任已经取代了实际信任的观点是错误的。相反，商业信任的基础已经明显地变得越来越具有计算性了，因为新的通信技术已经通过使在更大的贸易网络中追踪商业信誉成为可能，来使钻石市场变得更大、更多其他族群得以参与其中。[③]

出租车司机。出租车司机需要决定是否载客。尽管他们做出决定所依赖的概率评估具有很高的主观性（它反映了风险态度、对于特殊状况的认知，以及自己之前直接和间接的经验），但这完全是一个计算性活动。如果把接受风险（载客）的决定看成是一种信任行为，那么并没有任何意义。

博弈论。克雷普斯所描述的博弈中那种"戏剧性"变化是从一次性博弈（在这种情况下拒绝参与是理性的选择）到高重复概率博弈的转变中发生的。考虑到克雷普斯制定的行为准则，声誉效应无情地追随着那

---

① Bernstein，"The Choice between Public and Private Law，" 42.

② 同①43.

③ 在其他条件不变的情况下，族群中的团体在很大程度上倾向于和自己能够认同的群体进行持续交易，但是相对于新的替代性交易具有更高成本的人们，可能需要接受较低的回报，以保持竞争力。

些违背契约的人。于是，交易风险就通过将交易置于人们所知的声誉效应良好运转的网络中而减小了。

还有就是，这也可以理解为点 C 的结果。交易各方研究了各种可选方案，并且挑选了其中一种，在这种方案中，未来业务中的预期损失将阻止违约行为获得即期收益。不可否认，一些市场更有能力来支持声誉效应。声誉效应是可能并且有时候确实会失效的[①]，所以它并不是交易的万灵丹。然而，对声誉效应功效的计算性评估被十分适当地包含在了有效缔约中，这里提及信任并没有任何意义。

克雷普斯也许会同意，但也可能会认为这个观点误解了他的意思。克雷普斯真正关心的是交易关系的演化——这些交易关系是学习、社会条件、企业文化等的产物。他使用"信任"一词不过是偶然的。跨期的（决策或计算）机制才是关键。

我不仅认同上述这种观点，还想请大家注意以下这个事实：图 1 中列出的静态图解过于简化了，因为它把那些跨期决策视为既定的。然而，我认为，克雷普斯对"信任"这个术语的使用，尤其是像他在说明行为准则时那样，不但没有将这些机制解释清楚，反而使其模糊不清。对交易关系演化过程[②]进行更加微观的分析的确是一个有意义的研究事业。

受袭击的女孩。最后，再来考虑受袭击女孩的例子，并且假设把她面临的问题概括为：她是否应该和表面上看起来很友善但并不熟悉的男孩一起从树林里走小路？我认为，这个事件中的女孩会把大概率押在坏结果上（1 q），并且赋予 B 很大的负值。即使 G 的正值很大，走小路的预期净收益也通常是负的。因此，引出一个抽象的策略决定，理性选择的结果将会是：不与陌生人一起步行穿越树林。

---

① Kreps, "Corporate Culture and Economic Theory in Perspectives on Positive Political Economy"; Bernard Williams, "Formal Structure and Social Reality," in: Gambetta ed., *Trust: Making and Breaking Cooperative Relations* (1988), 14; Oliver E. Williamson, "Economic Institutions: Spontaneous and Intentional Governance," 7, *J. L. Econ. and Org.*, 159 (1991).

② Kenneth J. Arrow, "Uncertainty and the Welfare Economics of Medical Care," 53, *Am. Econ. Rev.*, 941 (1963); Kreps, "Corporate Culture and Economic Theory in Perspectives on Positive Political Economy" (见下文第 3 节); John Orbell and Robyn Dawes, "A 'Cognitive Miser' Theory of Cooperators' Advantage," 85, *Am. Polit. Sci. Rev.*, 515 (1991).

　　然而，人们通常是见桥过桥，而不会事先想好抽象策略。那么，在她遇到这种特殊情况的时候，为什么会做出"错误"的决定？

　　一种可能是，女孩并没有时间来做出计算；另一种可能是，她虽然有时间，但却一时慌乱；还有一种可能是，在那个情况下存在一些使事情复杂化的动态因素。她总得有个理由，而不能简单地说"不"，否则拒绝"友好的"邀请会显得是反社会的。她先前没有准备例如"不好意思，我对干草过敏，所以不能从树林里走"这样的回答，并且不想表现得不友好，所以她就冒险了。

　　最后一种可能性包含了两个阶段的净收益计算。在第一个阶段，如前所述，如果经计算预期净收益为正，女孩就会同意和男孩一起穿过树林，事情也就会继续发展。不过，如果第一个阶段的预期净收益为负，那么，女孩所面对的就是如何巧妙地拒绝。如果女孩很快巧妙地拒绝了，那么第一个阶段的计算就起了决定作用。但如果女孩没能立刻设计出巧妙的拒绝，就要在两个净负值之间做出选择。生硬的拒绝会显得有攻击性，并且/或者导致不友好的名声。这与接受男孩建议（冒风险）产生的预期净损失相比，是大还是小？在这样的表述下，受袭击的女孩陷入了一个高度压力的情形。她面对自己毫无准备的突发事件，并且社会的压力迫使她做出冒险的决定。

　　主要由有限理性来做出解释的情形——女孩因为并未能够正确计算或者没有聪明到能够想出一个虚构但又有礼貌的当场拒绝方式，而承担了风险——并不能通过诉诸信任得到阐明。[①]

3. 衍生信任

　　机会主义和有限理性是交易成本经济学所依赖的关键行为假设。这种过于精炼的假设确实适用于某些目的，但如果人，说到底如果还是

---

　　① 可以肯定的是，陷入高压状态的个人一定会试图应对。然而，把高压事件的坏结果理解为因为运气差，真的有用吗？我认为，把高压事件视为将人们从本该得到保护（例如，保护他们免于暴露在高压情形中——可能通过训练，也可能通过对制造这种高压情形的人进行严厉惩罚）"引申至"做出有风险选择的一类特殊问题，更有裨益。贝克尔最近有关嗜好的文章，提出了一种稍显不同的视角，参见 Gary Becker，"Habits，Addictions，and Traditions"（未发表手稿，Univ. Chicago，1991）。

"社会动物"，那么社会化、社会的认可与制裁也同样是重要的。如何才能将这些也容纳进去？

前面我对嵌入性和制度环境的讨论，也许表达得不够明显，但已经表明了我的观点。挪威船主是一个网络中的一部分；农夫和钻石交易商是一个群体中的一部分；受袭击的高中女孩处在压力的情形中。更一般地说，我的观点是，交易风险不仅随着交易的属性变化，而且随风险所处的交易环境发生变化。

尽管环境主要被看成是外生变量，计算却未因此停歇，而是继续在起作用。这是因为，特定交易的保障（治理）需求是随着交易所处的制度环境而系统地变化的。因此，随着对交易环境的适应，环境条件的变化会被考虑到特别的治理结构中来。实际上，提供具有广泛保障含义的制度环境，缓解了对特定交易额外支持的需求。如此一来，在提供强有力保障措施的制度环境中可行的交易，也许在较弱的制度环境中就是不可行的了。因为对于交易的各方来说，在后一种环境中制定一种特别的治理结构就不划算了。

然而，我们不能就此断定，较强的环境保障总是优于较弱的。额外的环境制裁不仅可能被推向纯粹的商业条款中不正常的极端，而且更普遍地，这种环境可能令人难以忍受。这里，我只是想描述针对特定交易的治理机制制定时的情形，而不是描述一个量优的制度环境。我区分了6种嵌入属性：社会文化、政治、官制、专业化、网络和企业文化。[1] 每个特点都可以被看成一种衍生制度性信任，如"社会—信任""政治—信任"等。

3.1 社会文化

文化适用于很大的群体，有时还适用于整个社会，并且包含的有意性程度是很低的。例如，日本交易信任的程度据说比英国还高。[2] 相

---

[1] 对制度环境的更广泛的讨论，参见 Lynne Zucker，"Production of Trust：Institutional Sources of Economic Structure，1849—1920," 6，*Res. Org. Behav.*，53（1986）；Susan Shapiro，"The Social Control of Impersonal Trust，" 93，*Am. J. Sociol.*，623（1987）；Thomas，*Public Trust in Organizations and Institutions：A Sociological Perspective*（1991）。

[2] Ronald Dore，"Goodwill and the Spirit of Market Capitalism," 39，*Brit. J. Soc.*，459（1983）。

反，爱德华·班菲尔德（Edward Banfield）描述的意大利南部的乡村①除了家庭内部，其余的交易信任都是很低的。

对经济组织而言，引入文化的主要原因在于，文化能够制约机会主义。一种能够容忍欺骗和伪善的文化从三个方面限制了契约的作用。第一，针对策略性行为（比如有预谋的违约）的社会制裁是比较弱的；第二，法庭强制执行因贿赂的普遍存在而变得很难；第三，个人在采取机会主义的行为方式时几乎毫无悔意。考虑到额外的风险，在文化对于机会主义的制约作用很弱的社会里，交易只会倾向于一个更为通用的类型（点 A，现货市场）。

3.2　政治

立法和司法的自治，是为了达到可信的目的。正如哈罗德·伯尔曼（Harold Berman）所说，如果制定法律的君主"不能随意制定它，并且在他合法地修订它之前都要受其约束"，那么信誉将会得到增强。② 已经被嵌入这种政治进程中的严明条例，甚至惯性，都会对承诺产生收益。③

这一点还没在东欧和苏联完全体现出来，米哈伊尔·戈尔巴乔夫（Mikhail Gorbachev）（建议美国企业迅速在苏联投资，而不要等待）在下面的言论中进行了说明："那些已经进入苏联的公司很有希望在我们伟大的祖国获得成功……（而那些观望者）在未来的几年内还会继续观望——我们将会看到如此。"④ 苏联的领导层"将会见证"先在苏联投资的公司会获利，而后来的公司会受到惩罚。这反映了传统的威逼利诱的激励性推理。而它忽略了一点，那就是现有的行政自由裁量权是契约风险的来源。低自由度（规则）也许比高自由度（自由裁量权）更具优势，因为这样可以获得额外的可信承诺。于是，有效的经济改革要求，如果要提高投资者的信心，就要杜绝政治违约

---

① E. C. Banfield, *The Moral Basis of a Backward Society* (1958).

② Harold Berman, *Law and Revolution* (1983).

③ Douglass North and Barry Weingast, "Constitutions and Commitment: The Evolution of Institutions Governing Public Choice in 17th Century England," 49, *J. Econ. Hist.*, 803 (1989).

④ 引自 International Herald Tribune, June 5, 1990, 5。

的可能性。

3.3 管制

正如维克多·戈德伯格（Victor Goldberg）[1] 和林恩·扎克尔（Lynne Zucker）[2] 所解释的，规章能够将交易信心注入那些因缺乏信心而问题重重的交易关系中。监管机构的建立和管理都是非常具有目的性的行为，尽管这并不意味着管制没有（自发性的）属于自己的生命。[3]假如我们所讨论的管制是"恰当的"，交易的双方（即被约束的企业和它的客户）在更好的条款下会做好专用资产投资的准备。

3.4 专业化

对于医生、律师、教师等专业人士而言，履行各自角色的职责尤为重要。尽管这些角色一般是以自发的（逐渐演进的）形式产生，后来都会受到准入限制（例如，要获取执照）、特殊的道德规范、额外的诚信义务[4]，以及专业批准的支持。这样的支持都具有高度的目的性。尽管有时候要达到的（有意性）目的是策略性的，但它们能够将交易信心注入因信息不对称而遭受巨大损失的交易之中。[5]

3.5 网络

前面提到的钻石交易商是交易网络的一个例子。最近出现在意大利北部的网络形式的组织也是如此。[6] 其他族群的交易群体也有条件成为这样的网络。[7] 尽管这些网络中有很多都是自发产生的，但它们的维护依赖于有目的的交易规则的完善、制裁的执行等。可信性取决于这些声誉机制运作得好与差。

---

[1] Victor Goldberg, "Toward an Expanded Economic Theory of Contract," 10, *J. Econ. Issues*, 45 (1976).

[2] Zucker, "Production of Trust: Institutional Sources of Economic Structure, 1849—1920."

[3] Marver Bernstein, *Regulating Business by Independent Commission* (1955).

[4] 在信息不对称的情况下，得到信息较少的那一方因为得不到"足够的关注"而遭受严重的损失，在这种情形下，诚信责任产生了。

[5] Arrow, "Uncertainty and the Welfare Economics of Medical Care."

[6] S. Mariotti and G. Cainara, "The Evolution of Transaction Governance in the Textile-Clothing Industry," 7, *J. Econ. Behav. and Org.*, 351 (1986).

[7] Janet T. Landa, "A Theory of the Ethnically Homogeneous Middleman Group: An Institutional Alternative to Contract Law," 10, *J. Legal Stud.*, 349 (1981).

3.6　企业文化

制度环境的上述特征都是大众层面上的效应，并且主要是自发性的。企业文化则表现出既自发又带有目的性的特点，并在特定的组织中起作用。非正式组织①就是一个例子；焦点的使用②则是另一个例子。

巴纳德认为正式组织和非正式组织总是并存的，而且这种共存随处可见③，非正式组织有三个功能为正式组织的可行性做出贡献："在正式组织中，非正式组织不可或缺的功能之一……（在于）沟通……；第二个功能是通过规范服务的意愿和客观权威的稳定性来维持正式组织的凝聚力；第三个功能是维持个人品质、自尊和独立选择。"④ 这已被证明是一种有效提高生产力的方法。在非正式组织得到认同并且被有目的地使用的地方，经济活动更加有序。

此外，如果企业因企业文化得到认定和广泛知晓从而拥有了独特的交易声誉，那么内部效应就会溢出到外部交易中。⑤ 然而，附加的企业文化是不是有保证的是随着环境而变化的："一般而言，将文化和可能产生的各种事件统一起来是非常重要的。"⑥ 因此，计算性甚至呈现出像企业文化这样看起来是"软"概念的特点，日本的经济组织就是这样一个例子。⑦

4. 几乎非计算性的信任

全面的超理性整体缔约是很难想象的，没有计算的考虑也是难以想象的。这并不意味着计算不能够被抑制，也并不否认一些行动或者个人比其他行动或者个人更具有自发性。事实上，我认为有时候抑制计算是合理的。然而，如果抑制计算本身就是具有目的性和计算性的，那么真

---

①　Barnard, *The Functions of the Executive* (1938).

②　Kreps, "Corporate Culture and Economic Theory."

③　同①20.

④　同③122.

⑤　同②.

⑥　同②128.

⑦　Oliver E. Williamson, "Strategizing, Economizing, and Economic Organization," 12, *Strategic Mgt. J.*, 75 (1991).

正没有计算的情况即便不是完全没有，至少也是非常罕见的。[①]

尽管在这里所描述的个人信任关系中不能完全排除计算，但我还是将个人信任描述为几乎非计算性的信任。这里分两个阶段来阐述这个观点。首先是对分立结构分析的讨论，会特别涉及氛围经济学。其次，考察个人信任。

4.1 分立结构分析

我的一个同事曾指出，氛围经济学在《市场制与层级制》（Markets and Hierarchies）[②] 中起到的作用要比在《资本主义的经济制度》（The Economic Institutions of Capitalism）[③] 中大，并且询问了不重视氛围经济学的原因。我是这样回复他的，我认为，氛围在 1985 年时对于理解经济组织的重要性和在 1975 年时是一样的。然而，只是由于没有更多的进展，我没有什么对其进行补充的。

氛围经济学的教益之一是，计算性能够被推向极端。这可能在治理结构内部以及不同的治理结构之间出现。雇佣关系就是这样一种情形。

假设一项工作可以分解为一系列可分离的部分。进一步假设需要参照每一个部分来计量边际差额。结果会是怎样？

如果功能上的可分性并不意味着态度上的可分性，那么逐一地精心计算就很容易造成功能失效。风险在于，如果把边际计量推向极限，会产生从容易计量到难以计量的溢出效应。如果合作态度受到破坏，那些只能艰难计量但又依赖于完整合作的交易，将被以更为敷衍的方式予以完成。逐项的精心计算，换言之，对氛围的麻木，助长了对这些互动效果的忽视。

一个与之相关的问题是外部性。我的这一问题可以采用如下叙述：所有能用净收益来计量的外部因素都应该单独计量吗？也许这

[①] 可以想象的是，有些情况如此复杂，以至我们决定采用抽签的方式或者靠直觉。但我们仍试图应对。我认为经常性的助人为乐式的无私行为是个例外。

[②] Williamson，*Markets and Hierarchies：Analysis and Antitrust Implication*（1975）.

[③] Williamson，*The Economic Institution of Capitalism*（1985）.

部分地取决于当一种外部因素被赋予合法性的时候，是否会产生其他效应。如果先前被认为无害的社会交往的溢出（外部性）结果，突然有人宣称应该予以补偿，这时候人们会"感到"各种委屈，并要求获得相应的赔偿。随之而来的关系上的变化很容易导致牵涉各方的自我满意度比之前降低——至少是过渡性的，但更可能是永久性的。

对此的部分解释是，对于轻微的损害提出索赔要求，影响了处理其他交易时的态度。我坚持要求在 A 事件上获得赔偿，会导致你就 B、C、D 事件也提出索赔，这又会促使我对 E、F 事件寻求赔偿，如此等等。尽管如果能将 A 孤立出来，也许就能有一种效率上的收获，但总效用可以很容易地成为负值。意识到这一点，一些人就会打算忽略这些微小的损害。但每个人的情况并不一样，如果到处都要计算边际差额，那么社会就会被重新安排以有利于那些要求回报和对付出锱铢必较的人。如果把赔偿的问题当作一般性的问题而不是逐一考察，那么人们对待溢出效应的态度，就会普遍更加宽容。①

同样相关的是，个人会记录非正式的社会账目，并会发现，在存在无溢出效应的各方之间互惠帮助的交换是令人满意的。② 将这些非正式的社交账目转化为确切的法律义务也许会破坏氛围，并且导致各方之间满意度的净损失。换句话说，普遍的金钱关系破坏了"缔约"的质量——即使计量是无成本的。③

从上述得出的论点，不是说应当禁止计量，而是与经济学相关的用计算的方式研究组织的做法会走向极端。意识到态度上的溢出效应和非金钱的满足感可以帮助遏制对计算的过度使用。现在我们来考虑一种更极端的可能性：存在一些交易，对这些交易而言，有意识的计量的最优

---

① Thomas Schelling, *Micromotives and Macrobehavior* (1978).

② A. W. Goulder, *Industrial Bureaucracy* (1954).

③ 英国酒吧里的购买"回合"是个例子。无成本的计量会带来更好的结果吗？假设每个人私下都表示愿意出钱，并不断地出价，直到预期出现盈亏平衡的结果。假设最后的出价结果根据偏好，要么被保密，要么公开，此后的回合会按照要求被送到桌子上。每月的账单是按收支平衡的条件发出的。那么友情将会受到怎样的影响？

水平是零。①

这里的观点是，有意识的监督，即使是低标准的，也会引起我们不希望见到的计算，这种计算是与一些非常特殊关系的精神相悖的，并且对这些关系的持续带来了跨期的威胁。不仅有意的非计算性关系能够被Ⅰ型误差所推翻，根据这种误差，一个真正的关系被错误地列为假的，但计算性可能受（无意识的）正反馈的影响。不断被重新归为计算性关系的有意的非计算性关系，实际上就是计算的做法。

罗伯特·诺齐克（Robert Nozick）在他的《爱的约束》（Love's Bond）中讨论的问题也与之相关。② 诺齐克认为，"价高者得"对于恋爱关系来说是有害的："爱的目的在于形成一个'我们'，并将其认同为自我概念的延伸，在很大程度上将个人命运与'我们'的命运联系在一起。价高者得摧毁你在很大程度上认同的那个'我们'的意愿，也就是通过摧毁延伸的自我来摧毁自己的意愿。"③ 如果对价高者得这一可能性的考虑贬低了这种关系，那么我们就需要一个分立结构的转变来防止价高者得的发生，这也是另一种计算。

4.2 个人信任

约翰·邓恩（John Dunn）最近发表的《信任与政治代理》（Trust and Political Agency）④ 提到了许多相关的问题。例如，邓恩对作为"人类热情"的信任和"人类行为模式"的信任进行了区分，后者是"为控制其他主体或者代理人的自由度，而或多或少有意识的选择性策略"。⑤ 随后，他还提到，"作为一种热情的信任，是一个主体对另一个主体具有友善动机的充满信心的期待"，而作为"人类行为模式的时候……信任不可避免地具有策略性"⑥。他还认为，"信任的孪生兄弟是

---

① 无意识或者潜意识的计量是另一个问题。没有被有意识地处理的观察，可能被潜意识地处理，这些观察的结果可能持续地作用于意识层面。

② Robert Nozick, *An Examined Life* (1988), ch. 8, Love's Bond.

③ 同②78.

④ John Dunn, "Trust and Political Agency," in: Gambetta ed., *Trust: Making and Breaking Cooperative Relations* (1988), 73.

⑤ 同④73.

⑥ 同④74.

背叛"[1]，并宣称，"只要有可能，人们就需要节约对个人的信任，而去依赖于精心设计政治、社会和经济方面的制度"[2]。

作为热情的信任和作为行为模式的信任，分别与我所说的个人信任和计算性信任相对应。并且，邓恩将计算性信任描述为策略性的，而个人信任却不是。这是完全正确的。然而，邓恩认为信任的双胞胎兄弟是背叛，而我认为个人信任中才会产生背叛，我还会用违约来描述计算性关系。如前文所述，违约有时候是有效率的做法，甚至在有着完美保障的商业契约中也是如此。[3] 相比之下，个人信任中的背叛永远不会是有效率的。背叛是消极的。

此外，虽然我同意要节约信任这一观点，但我对这一问题的解释稍有不同。我认为，信任应该集中在那些真正重要的人际关系上，"政治、社会、经济组织"的使用会对计算性关系的管理起到帮助作用。[4]

如果计算会对个人信任有着负面的影响，因为深入而持久的信任关系在面对计算的情况下无法建立，并且，如果既有的个人信任因为计算而贬值了，那么问题就成了如何隔离和保护个人间的信任关系。[5] 我把X将个人信任寄托于Y分为以下三种情况：（1）X有意识地拒绝监督Y；（2）当事情出错的时候，X倾向于认为Y是善意的；（3）X以分立结构的方式对待Y。条件（1）和条件（3）都限制了计算。在条件（2）下，"坏结果"被赋予了正面的解释：X认为它们是随机事件，

---

① John Dunn，"Trust and Political Agency，" 81.

② 同①85.

③ Williamson，"Credible Commitments：Using Hostages to Spport Exchange，" 37.

④ 丹尼斯·罗伯森的观点很中肯："如果我们经济学家管好自己的事情，并把自己的事情做好，那么我相信我们能够对节约做出巨大的贡献，那就是充分而又节约地利用'爱'这种稀缺资源——当然，我们知道，正如其他人也一样知道，爱是世上最珍贵的东西"（Dennis Robertson，"What Does the Economist Economize？" In *Economic Commentaries*，154，1976）。

⑤ 尽管如此，还存在一种意义，在这种意义上，不完全契约是持续计算性的，这与声誉效应有关。如果交易的一方不能在未通知另一方的情况下采取重大的商业行动——甚至这些举措并不与眼下的合同有着直接的关系，但涉及与其他贸易伙伴的其他合同——那么，连续的贝叶斯修正或许将"不可避免地"出现。如果那样，声誉效应无处不在（Kreps，见前注，55）。

或者复杂事件（Y并不完全了解情况），或者有小过失（Y有些迷糊）。

诚然，这些都是有限度的。Y明确地侵犯了X对他的信任的事件，威胁着这种关系。同样（这时候，计算性就又发挥作用了），一连串轻微的侵犯也可能会破坏信任的条件。然而，进一步将个人信任区分出来的是，X坚持要求Y"改过自新"而不只是"做得更好"。这是因为对Y的可靠性持续更新的经验评估，将X置于对Y的计算性关系之中，它降低了那种信任关系。与其这么做，X还不如把这份关系放在"要么完全信任，要么永不信任"的条款上来提升它。如果Y拒绝对他过去的行为做出分立结构的改变，那么X将永远不会再信任他。① 反之，如果Y同意改过自新，信任就得以恢复。

因此，个人信任具有以下特征：（1）缺乏监督；（2）有往好处想或宽容的倾向；（3）分立性。这种关系显然非常特别。尽管一些人可能表现出无计算性的本能，但是其他人需要弄明白——往前看，并意识到计算会使人与人之间的关系贬值，这是一种有远见的契约观。而且，仅仅明白这一层还不够，有些人也许确实无法脱离计算——因为计算（或者恐惧）由他们的经历深深蚀刻。② 尽管如此，信任，如果最终获得了，仅存在于像家庭、朋友和爱人这些特殊的关系中。这样的信任也是产生悲剧的原因。这就触及了人性的本质。③

5. 结束语

5.1 语言和概念工具

可以说，一门关于组织的科学正在形成过程中，而且我也会在这里

---

① 这并不意味着X从此和Y再无关系了。然而，如果二者之间的关系继续存在，X就会以计算的方式对待Y。需要注意的是，计算的存在并不等于信任被量化了。而是在关系被分到计算的那一类之前，计算需要越过一些（很低的）门槛。在X要求Y改过自新的时候，二者之间就产生了裂痕，或者说分立结构性的破裂发生了。

② 约瑟夫·拉兹发表了相关的观点：一些人"没能看到，个人关系是不能像商品那样去估价的"（Joseph Raz, *The Morality of Freedom*, 353, 1986）。

③ 参见 Nozick，见前注。需要注意的是，信任某个人并不意味着对自己的判断自信，而正如 Dunn（见前注）所提到的，信任就是基于善意。如果被信任的受托者在某些方面能够优于其他人，那么选择性的委托和信任就是一致的。

如此假设。① "专用词汇" 和 "新的语言" 通常关注的就是这样一个对象。②

行政科学的发展③，是西蒙《行政行为》（Administrative Behavior)④ 一文的目标，这一发展也明确提出了这些需求。鉴于切斯特·巴纳德（Chester Barnard）开创性的著作《经理的职能》（*The Functions of the Executive*）所提出的种种深刻洞见⑤，组织学应该如何向前发展？西蒙认为，"在这个领域中，我们还没有足够的语言和概念工具来对哪怕是简单的行政组织进行具体有意义的描述——一种能够在某种程度上，为对其结构和运作有效性的科学分析打下基础的描述。"⑥ 这些需求，正如西蒙所见，"能够用语言精确地描述行政组织看起来是什么样的及其是如何运作的。……我已尝试构建一套能够允许这样描述的词汇"。⑦

5.2 计算

人类行为被描述的方式以及据以认为的缔约过程，对于组织科学的发展都至关重要。这里将行为人描述成具有有限理性的和机会主义的，而缔约的过程是 "不完全整体缔约"（incomplete contracting in its entirety)⑧。最后一点，从更广阔的视角考察了契约关系的治理，包括契约所嵌入的制度环境。其结果就是产生了类似商业契约的计算性倾向。

这样一种缔结具有远见的契约的方法（其中可信的承诺，或者可信的承诺的缺乏，发挥着关键作用）和社会学中关于权力与信任的观点是相冲突的。正如詹姆斯·马奇（James March）所言，权力是一个分散

---

① 参见 Oliver E. Williamson, Chester Barnard, "Incipient Science of Organization," in *Organization Theory* (Oliver E. Williamson ed. , 1990)；也可以参见 Williamson，见前注；The New Science of Organization, 7, *J L. Econ and Org.*, I (1991)。

② Thomas S. Kuhn, *The Structure of Scientific Revolutions*, 1970, 203-204.

③ 组织学研究市场制、混合制、层级制、官僚制等，而管理学则专注于组织内部。

④ Simon, *Adminstrative Behavior* (1957), 248-253.

⑤ Barnard, *The Function of the Executive* (1938).

⑥⑦ 同④.

⑧ 这个词是我自己创造的。

的和令人失望的概念。① 我认为信任也是如此。近来社会学家和经济学家都有将"信任"与"风险"这两个术语交换使用的倾向，而基于我在此所提出的观点，那样做是欠妥的。

不仅"被计算的信任"在语言上是矛盾的，而且那些好用的术语——信任也是其中之一，常常带来额外的麻烦。当社会学家用那些便于使用但表达上并不精确的语言时，在商业领域的改变，就会向着有利于讽世者的方向发展，而对天真无邪的人不利，因为只有天真的人才会上当受骗。如果契约中的各方都知道他们所处的嵌入性条件，并且能够通过有差别的方式来认识、减轻以及排除契约风险，那么就能提供出更好的商业契约。②

5.3　信任的种类

我无意于穷尽一切，在这里把信任分为三种不同的类型：计算性信任、个人信任以及制度性（或者衍生）信任。鉴于我在前文中阐述的理由，计算关系应该用计算术语来加以解释，对于这一点来说，风险的语言则是非常适合的。因此"信任"和"风险"交替使用的做法就应该到此结束了。

通过某种分立结构，个人信任就变得没有计算性了。这通常需要付出额外的成本，并且仅在非常特殊的个人关系中才有效。在这些关系中，如果计算性的倾向获得允许，个人关系就会遭到非常严重的损坏。而商业关系则不同于这样的情形。③

制度性信任是指契约所嵌入的社会和组织环境。在相关制度是外生的情况下，制度性信任表面上看起来是没有计算性的。然而事实上，交易总是在考虑制度条件（环境）的基础上被组织（治理）起来的。因

---

① James G. March, *Decisions and Organizations*，6（1988）。

② 这并不是否认社会学家（例如，Merton，见前注）和契约法专家［例如 Stewart Macauley，"Non-contractual Relations in Business," 28, *Am. Soc. Rev.*, 55（1963）］强烈呼吁我们对过度计算的注意。交易成本经济学则更有远见地看待契约，并给出了"可行性"计算的特征的做法。

③ 我赞同这样的观点："信任的核心思想是，信任不是基于对它的正当性的预期。如果信任被证明如预期那样会带来积极的互惠结果，那么它仅仅是另一种形式的经济交换而已"（James March and Johan Olsen, *Rediscovering Institutions*，27，1989）。

此，计算总是反复出现。①

　　如果这些论述占据上风，那么此后"信任"就只是留给那些非计算性的个人关系了（并且有可能是衍生形式的，用以描述制度环境的不同）。尽管得出这样一个简单结论需要很长的论述，但是关于信任的文献确实是数不尽的，而且和计算相关的混乱也在不断增加。在法学、经济学和组织科学之间的富有成果的对话成形的时候，刚刚起步的组织学需要通用的概念和语言。而具有讽刺意味的是，计算的边界是通过彻底的计算性的方式对好用的术语（比如"信任"）进行研究而得到的。

---

① 此外，交易的当事人有时候也会影响具体契约，例如与俘获 [Bernstein, *Regulating Business by Independent Commission* （1955）] 或预先俘获（George Stigler, "The Theory of Economic Regulation," 2, *Bell J. Econ.*, 3, 1971）相关的规则。

企业的治理结构理论：从选择到契约[*]

长期以来，"组织是重要的""组织是可以被分析的"等命题一直受到经济学家的怀疑。当然，也有明显的例外：如阿尔弗雷德·马歇尔（Alfred Marshall，1932）的《产业与贸易》（*Industry and Trade*）、约瑟夫·熊彼特（Joseph Schumpeter，1942）的《资本主义、社会主义与民主》（*Capitalism，Socialism，and Democracy*），以及弗里德里希·哈耶克（Friedrich Hayek，1945）关于知识的著作。索尔斯坦·凡勃伦（Thorstein Veblen，1904）、约翰·R. 康芒斯（John R. Commons，1934）和罗纳德·科斯（Ronald Coase，1937）等制度经济学家，以及包括罗伯特·米歇尔斯（Robert Michels，1915 ［1962]）、切斯特·巴纳德（Chester Barnard，1938）、赫伯特·西蒙（Herbert Simon，1957a）、詹姆斯·马奇和西蒙（James March and Simon，1958）以及理查德·斯科特（Richard Scott，1992）在内的组织理论学家，也都认为组织问题应得到更多的关注。

然而，人们为什么花了如此长时间才认识到这一点？其原因在于：一是指出组织的重要性比解释其如何重要、为何重要容易太多^①；二是

---

* 原文"The Theory of the Firm as Governance Structure：From Choice to Contract"载于 *The Journal of Economic Perspectives*，Volume 16，Number 3，Summer 2002，pp. 171-195。感谢蒂莫西·泰勒（Timothy Taylor）和迈克尔·瓦尔德曼（Michael Waldman）对于修改本文提出的有益建议。

① 《企业的行为理论》（*A Behavioral Theory of the Firm*）（Cyert and March，1963）很明显是研究经济组织理论的一部早期代表作。不过，与大多数经济学家关注的问题相比，它只是讨论一些更细微的现象：例如，把商场的价格精确到毫厘。关于这一问题的讨论，参见威廉姆森（Williamson，1999b）的相关文章。最近，人们对研究消费者行为理论而非企业理论的行为经济学兴趣不断高涨，可以理解为对与希尔特（Cyert）、马奇（March）和西蒙相关的"卡内基学派"内容的一个滞后反应。

选择方法学在经济学中的流行也对其造成了阻碍。正如本文所述，当通过契约视角来考察经济学中的组织理论时，将呈现出不同的内容，而且显得更加重要。本文将从契约科学的视角考察经济组织，并尤其强调针对企业的契约视角理论。

1. 选择科学与契约科学

在整个 20 世纪，经济学作为一种选择科学得到了显著的发展。正如莱昂内尔·罗宾斯（Lionel Robbins，1932，p.16）在《经济科学的性质和意义》（*An Essay on the Nature and Significance of Economic Science*）一书中所述："作为一门科学，经济学是研究有其他用途的有限资源与多种需求如何协调的人类行为"。在两个平行的框架中，选择科学取得了发展：一是消费者行为理论，它研究消费者追求的效用最大化；二是视企业为生产单位的企业理论，它研究企业追求的收益最大化。提出上述理论的经济学家主要研究相对价格和可用资源之间的变动如何影响产量，而这也是经济学在整个 20 世纪所关注的"主导范式"（Reder，1999，p.48）。

但选择科学并非研究复杂经济现象的唯一视角，也不总是最有启发意义的研究视角。另一个主要的研究方法是詹姆斯·布坎南（James Buchanan，1964a，1964b，1975）提出的契约科学。事实上，布坎南（1975，p.225）认为，经济学作为一门学科，只关注选择理论及其相关的最优化工具是"错误的"。不论这种判断是对还是错，人们的确忽视了契约科学的同步发展。

布坎南（Buchanan，1987，p.296）认为，契约科学最大的用途体现在公共财政领域，并以公共秩序（public ordering）的形式得以体现。"政治是个体间进行复杂交换的一个结构，在这个结构中，人们集体地寻求他们无法通过简单市场交换得到有效保障的个体目标。"在公共秩序领域，以契约方式进行思考会引发对博弈规则的关切，宪政经济学的问题也就由此产生（Buchanan and Tullock，1962；Brennan and Buchanan，1985）。

无论博弈规则是什么，契约的视角都有效地支持了博弈的进行。而博弈的进行便是我所指的私人秩序，需要交易直接参与者的努力达到激励匹配（incentive alignment），并形成能够更好满足交换需要的治理结构。这种自助式努力的目的是"通过自发性交换取得互利……（而这也是）经济学中最基本的共识"（Buchanan，2001，p.29），它能够降低契约风险。从1870年到1970年，一直被新古典经济学家忽略的策略性问题（机制设计、代理理论和交易成本经济学/不完全契约都与之有关），如今也都开始走向了前台（Makowski and Ostroy，2001，pp.482-483，pp.490-491）。

图2列出了两种思路主要的区别。其中的第一个分支为选择科学（正统观念）与契约科学，后者又进一步细分为公共秩序（宪政经济学）和私人秩序，私人秩序再分成两条彼此相关的分支。一条为前端的激励匹配（机制设计、代理理论、正式的产权文献）；另一条则代表对不断变动的契约关系进行的治理（契约的实施）。本文主要关注的是治理，特别是企业理论相关的治理。

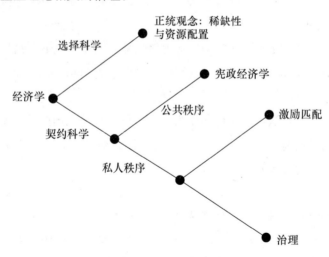

正统观念：稀缺性与资源配置

选择科学

经济学

契约科学

公共秩序

宪政经济学

私人秩序

激励匹配

治理

图2　选择科学和契约科学

2. 契约视角下的组织理论

组织理论是一个大的主题。宏观组织理论与微观组织理论通常是分开的，前者与社会学比较接近，后者与社会心理学较为接近。与此同时，我们需要把理性、自然与开放的系统方法各自区分开来（Scott，1992）。本文主要关注的是理性体系中的宏观组织理论（并特别参考了赫伯特·西蒙的文献）。

除了用这种方式界定组织理论之外，本文还考察了经济学上的组织理论。但考察并非通过选择视角进行的，而是契约视角。尽管提出主流范式的学者有时会选择忽视组织理论（Posner，1993；Reder，1999，pp. 46—49），但是契约/私人秩序的视角表明，在经济学中，被主流范式所忽略的组织理论有时候恰好是最基本的内容。

2.1 从组织理论到契约经济学的五大内容

组织理论的第一个内容是在更现实的条件下对人类行为进行描述。西蒙（Simon，1985）曾很明确地指出："在设定我们的研究议程并形成自己的研究方法的过程中，没有什么比我们对所研究的人类行为本质的看法更具基础性。"正因如此，社会科学家才会怀着极大的兴趣去迎接挑战，分析人类行为的认识特性、自利特点以及其他特点。

"有限理性"（Simon，1957a，p. xⅹⅳ）是西蒙就认知提出的假设：有意图的理性，但仅仅有限度地如此。在他看来，选择科学的主要内容是用"令人满意"（Simon，1957b，p. 204）或"足够好"来代替"最大化"。①

对于治理的研究也要借助有限理性，但是契约科学的主要内容却有所不同：**所有复杂的契约都不可避免地是不完全的**。因此，参与者需要准备好适应各种由最初契约中的歧异、错误或遗漏引起的意想不到的混乱状况。如果我们不把自利描述成"动机的脆弱性"（frailty of motive，Simon，1985，p. 303），那么，这种适应性就必然产生。"动机的脆弱性"是一个比较中性的条件，它包含了一些策略考虑。如果行为人不仅要适应无法预见的问题（由于有限理性），还要面对策略行为（由于机

---

① 尽管"令人满意"在直觉上是一个很有吸引力的概念，但是实施起来却非常困难。进一步的研究表明，令人满意的方法不具有广泛的适用性（Aumann，1985，p. 35）。确实，有这样的一句反话：新古典经济学家常常使用容易实施、能够满足当前需求的（最大化）分析模式，而这类经济学家正是对分析满意的人。

会主义），那么，代价高昂的契约就可能（以拒绝合作、无法协调、要求重新谈判）崩溃。在那样的情况下，私人秩序就将通过设计支持性的治理结构来缓解未来的契约僵局和崩溃，并产生意义。

当然，如果我们假定人们对利益分配达成共识，同时讨价还价无需成本，也就不需要这种设计了。然而，这两种条件都存在很大的疑问（Kreps and Wilson，1982；Williamson，1985）。并且，当有限理性、机会主义与特质性（idiosyncrasy）认识的问题叠加时（Williamson，1975，pp. 31-33），将引发不可证实性（nonverifiability），通过法庭来解决争端是需要成本的，也是靠不住的。这样，私人秩序，即通过努力设计治理结构来支持契约执行期间的契约关系，也就应运而生了。

组织理论的第二个内容是要对所有重要的行为规范保持警惕。例如，老板试图控制工人的行为会产生意料之中和意料之外的结果。在意识到工人并非消极的契约代理人之后，试图将焦点全部放在预期效果上的天真的努力，将被更加复杂的、为两种结果做准备的机制取代。更一般地，社会科学家认识到，"组织拥有其自身的生命"（Selznick，1950a，p. 10），这揭示了许多行为规范（官僚化就是其中之一），从事治理研究的人应该对此给予充分的认识，并在以后的组织设计计算中，将之作为一个考虑因素。

组织理论的第三个内容是可替代的治理模式（市场制、混合制、企业制、官僚制）具有分立的结构方式（Simon，1978，pp. 6-7）。这些可替代的治理模式不仅在类别上不同，就连每种一般治理模式的内部一致性特征也是不同的。这意味着，每一种治理模式都有独特的优缺点。正如下面将要讨论的，我们所面临的挑战性工作是更好地描述治理结构，从而阐明其相关特点。之后，我们用节约的方式将不同类别的交易与分立的治理模式匹配起来。

组织理论的第四个内容是多数行为应归于微观分析。西蒙（Simon，1957a，p. xxx）提议将"决策前提"作为分析单位，这与选择科学的微观分析法有明显的关系（Newell and Simon，1972）。由约翰·R. 康芒斯提出的分析单位可以更好地被用于对契约理论的研究。根据康芒斯

（Commons，1932，p.4）的说法："基本的行为单位……本身必定包含三个原则，即冲突、相关性和秩序，这个单位就是交易。"

无论分析单位是什么，操作化都取决于定义与说明分析单位变化的关键维度。交易的三个主要维度也是治理的重要内容，分别是资产专用性（有许多形式——实物、人、地点、专项、品牌名称——这些是双边依赖的衡量尺度）、交易所承受的干扰程度（由潜在的不良适应导致），以及交易发生的频率（这与市场中声誉效应的效率以及引发专业内部治理的成本都有关系）。假定交易具有不同的特征，治理结构有不同的成本和能力，那么前面所提到的交易应该与适宜的治理结构相匹配的观点，就是有道理的。

组织理论的第五个内容是协调性适应的重要性。有趣的是，经济学家哈耶克（Hayek，1945）和组织理论家巴纳德（Barnard，1938）都认为适应是经济组织的核心问题。哈耶克（Hayek，1945，pp.526-527）关注的是自主经济行为的适应，人们会以相对价格的变化作为市场变化的信号，并对其进行自发调整。市场的奇妙之处在于"个体参与者需要知道多少才能采取正确的行为"。比较而言，巴纳德描述的是经济行为者之间的协调性适应特征，经济行为者通过深入了解和使用管理方式来一起工作。在其看来，层级制的奇妙之处就是，协调性适应不是自发的，而是以一种"自觉、慎重、有目的"的方式进行的。

因为高效的经济体系会表现出两种适应性特征，所以，经济组织问题的恰当提法不是市场制或层级制，而是市场制和层级制。经济组织的预测理论将认识到：交易行为在适应性需要方面有何不同，为什么不同；为什么某些交易通过市场来进行，而其他交易则求助于层级制。

2.2 契约视角下的深入思考

从契约视角来考察经济组织，揭示了另外的一些规律，治理的内容也随着这些规律而增加。这里描述三个规律：根本性转变、复制/选择性干预的不可能性，以及契约法的理念。

根本性转变适用的交易集合是：在契约履行和契约续签的间隙，最初众多符合要求的供应方合乎效率地转变为少数的实际供应方。一般而言，交易与交换是有区别的：交易是"陌生的买方与卖方……相遇后……立刻在一个均衡的价格下交换了他们的标准化商品"（Ben-Porath，1980，p.4）；而交换强调的则是参与者的认同，因为关系的连续性会产生重大的成本后果。产生双边依赖条件的交易正是根本性转变所适用的交易。

此处的关键因素是，所讨论的交易是否得到交易专用资产投资的支持。这种专用投资的形式可能是实物资产（例如铸造不同金属形状的钢模）、专用的人力资产（来自专业的企业培训或干中学）、专用的场地（近似专用化）、专项资产（为进行持续交易而进行的大量分散投资，以及提前终止可能导致产品以亏本价格出售的投资）或者品牌资本。双边依赖的交易者"很容易受到伤害"，因为买方不可能轻易转向其他备选的供应来源，而供应却可以重新配置专用资产，以便下一次最好地使用专用资产，或者提供给它们最好的使用者，而仅仅损失生产性的价值（Klein，Grawford，and Alchian，1978）。结果，维持价值的治理结构——注入秩序、缓和冲突、实现互惠①——便成了追寻的目标。因此，简单市场交换让位于可信任的缔约，缔约的内容包括对提前交易的惩罚、泄露信息和举证机制、具体争端的解决程序等。统一所有权（纵向一体化）被作为应对双边依赖的尝试建立起来。

将复制与选择性干预联合起来的不可能性，回答了交易成本经济学的一个由来已久的困惑：限制企业规模的因素是什么？显而易见的答案是规模化的不经济，但是，这种不经济的原因在哪里？技术无法解释，因为在多工厂的企业中，每一个工厂都可以使用最低成本的技术。组织可以回答这些问题吗？通过比较契约的视角来重新描述这个问题，就可以考察这种可能性：为什么一个大企业不能完成由小企业集群所能做到的所有事情，甚至完成更多？

如果在小企业都运行得很好的所有情况下，大企业都能够"复制"

---

① 由于拥有资产并且可以收回资产的买方可以将资产分配给报价最低的供应商，因此如果资产是流动的，则有形资产专用性并不产生相互依赖。与此同时，特定场所资产有时候可以被买方拥有，并被出租给供应商。然而，如果供应商无法很细心地使用这些资产，这种"解决办法"就会给使用者带来成本问题。

小企业集群的经验，那么大企业的运行情况就绝对不会比小企业更差。而且，尽管大企业总是能够通过实施（层级制）秩序来对潜在的冲突进行选择性的干预，但只有能够取得预期的净收益时，大企业才能做得更好。把上述情况放在一起比较，我们可以得知复制与选择性干预的结合可以让大企业无限制地发展。相应地，对企业规模的限制便取决于对实施复制与选择性干预机制的考察。

考察复制与选择性干预为什么失败以及怎样失败是一个乏味的微观习题，也并非本文所探讨的范围（Williamson，1985，第6章）。本文将仅讨论从（小企业集群的）自主供应到（大企业的）统一所有权的变动。这种变动不可避免地伴随着激励强度（在一体化公司中激励强度较弱）以及行政控制（管理范围更为广泛）的改变。由于市场制与层级制各有不同的优缺点，有些交易将从市场制到层级制的变动中受益，而其他的却不能。

另一个区分可替代治理模式的组织维度是契约法制度。尽管经济学的正统观念常常含蓄地假定有一种单一的、通用的契约法，可由完全信息的法庭零成本地实施，但强调私人秩序的治理方法却假定每种一般的治理模式皆（部分地）由一种不同的契约法制度进行定义。

（理想化）市场的契约法是传统缔约的契约法，法庭以此为依据，无调解成本地通过金钱补偿来解决争端。戈兰特（Galanter，1981，pp.1-2）不赞同这种法律中心主义的观点。他认为，许多发生在企业之间的争端，尽管能够在当前的规则下提交法庭解决，而实际上是通过避免争端、自助等方式解决的。这是因为"在许多情况下，参与者可以设计出他们之间争端的解决办法，这些办法比专家以对该争端的有限认识为基础，运用一般规则做出的解决办法更令人满意"（p.4）。这样的观点大致符合卡尔·卢埃林（Karl Llewellyn，1931，pp.736-737）提出的"契约作为框架"的概念，该概念表明"法律契约的最重要之处是提供了一个框架，这一框架永远不会准确地表明真实的工作关系，但是它提供了这种关系变化所围绕的大致的指示物。一旦出现了怀疑，它可以作为一种临时的引导，而当这种关系实际上停止时，它也是最终诉求的标准"。这个最后的条件是重要的，因为最终求助于法庭有利于限定威胁的状况。然而，契约作为框架这个更灵活的概念，在更大的契约混乱的范围内支持了一种（合作）交换关系。

值得进一步注意的是，一些争端是完全无法提交至法庭审理的。尤其是除了明确表明是由于"欺诈、违法或者利益冲突"引起的争端以外，法庭将拒绝听取企业内部的争端——例如，关于转移定价、企业一般费用、清算账目、可归因于企业内部迟延的费用、质量不合格等问题。实际上，内部组织的契约法就是自制（forbearance），此时，企业本身成为自己的终诉法庭，所以，企业能够行使命令，而市场不能。这也影响着可替代治理模式的选择。

每一种治理模式不仅由内部一致的激励强度、行政控制和契约法机制的属性特征所决定（Williamson，1991a），而且不同的优势与劣势也随之产生。

3. 企业的治理结构理论

据德姆塞茨（Demsetz，1983，p. 377）的观察，"将（正统）经济理论的企业与它在现实世界中的同名物相混淆，是一个错误。新古典经济学的主要任务是理解价格体系是怎样与资源的使用相协调的，而非现实企业的内部运行。"因此，让我们转变思路，假设分派给经济学的任务是研究经济行为组织，在这种情况下，仅把企业看作根据技术规律将投入转换成产出的"黑箱"是不够的。相反，必须把企业与其他治理模式联系起来进行描述，所有的治理模式都具有内部结构，且这些结构"必有其产生的原因"（Arrow，1999，p. Ⅶ）。

契约/私人秩序/治理（以下均统称"治理"）的方法强调，组织产生的主要原因是节约交易成本。在这一点上，值得注意的是，作为治理结构的企业是一种比较契约上的结构。企业不被看作"独立的实体"，而通常被拿来与可替代的治理模式相比较。通过与机制设计（使用契约菜单得到私人信息）、代理理论（特征是风险规避和承担多重任务）以及企业的产权理论（一切都依赖于资产所有权）相比较，治理方法通过借助法律和组织理论，将激励强度、行政控制和契约法体制作为三个关键特征。

阐明与某一特定种类的交易相关的治理机制是很方便的。因为中间产品市场的交易避免了一些更严重的不对称现象，这些现象困扰着最终产品市场中的交易，并与信息、预算、法律能力、风险规避等因素息息相关。因此，我研究了生产还是购买决策：企业是应该自己生产中间产品（可能是通过收购生产这种产品的企业），还是应该从其他企业直接购买这种中间产品？

3.1 生产还是购买决策的选择方法

在企业发挥生产功能的制度下，检验生产还是购买决策的主要方式是根据双边垄断的情况而定的。[①] 新古典主义经济学就双边垄断分析得出的结论是：当参与者之间将要达到理想交易量时，双边垄断者之间的利益分割是不确定的（Machlup and Tabor，1960，p.112）。随后，纵向一体化可能就会出现，并被用作一种缓解因不确定性而产生的讨价还价行为的手段。或者，当上游的垄断者将中间产品卖给下游的买家，且下游的买家使用的是可变比例技术时（McKenzie，1951），纵向一体化也有可能作为一种恢复有效因素比例的手段出现。自此，纵向一体化就被弗农和葛拉罕（Vernon and Graham，1971）、施马兰奇（Schmalensee，1973）、沃伦－博尔顿（Warren-Boulton，1974）、威斯特菲尔德（Westfield，1981）以及哈特和梯若尔（Hart and Tirole，1990）放在一个结合了可变比例与垄断力量（variable proportions-monopoly power）的背景中来考察。

这个理论是有启发意义的，但它也受到约束松散或其他异常状况的困扰。第一，既然事先存在的持久垄断力量是大型经济体中的例外情况，而非惯例，那么，当这种力量可以被忽略的时候，怎么解释为了完成大量交易而进行的纵向一体化？第二，既然在生产功能制度下，一个一体化企业总是可以复制没有与之整合的对手的经验，甚至有时候超过

---

① 尽管对双边垄断做出的解释是最古老的，也是大多数微观经济学课本中所强调的解释，但另外三个价格理论框架也已被用来解释生产还是购买决策，它们分别是价格歧视、进入壁垒和战略目标。关于以上三个框架的观点总结，参见威廉姆森的相关文献（Williamson，1987，pp.808-809）；要阅读更全面的讨论，参见佩里（Perry，1989）的相关文献。

它的对手，那么这种企业为什么不去整合一切可以整合的事物？第三，怎样解释混合的契约模式？更普遍地说，如果许多贸易问题都是间歇性的，且需要我们对这种不确定性做出连续的适应，那么，经济组织的问题是否必须在一个更大的全新框架中重新进行界定？

3.2　科斯与生产还是购买决策

科斯的经典论文（Coase，1937，p. 389）以一个基本的困惑开头：为什么企业会在专业化的交换经济中出现？如果答案与企业家精神有关，那么为什么"协调"这一行为"在某些情况下是价格机制的工作，而在其他情况下却是企业家的工作"？科斯（Coase，1937，p. 391）选择在交易成本的节约中寻求答案。迄今为止，在解释为什么市场制和层级制适用于不同的情形时，人们都遗漏了这一因素。因此科斯断言："设立企业有利可图的主要原因似乎是，利用价格机制是有成本的，最为明显的……（就是）所有发现相关价格的工作。"这听起来似乎有道理，但企业内部的采购行为又是怎样避免发现价格的成本的？

"显而易见"的答案是，单一来源的内部供应避免了与市场进行价格磋商，因为内部的价格计算是公式化的（成本相加的），可以将商品或服务从一个内部阶段转换成另外一个内部阶段。然而，如果这就是内部组织比市场采购更有优势的原因所在，那么我们显然也应该将同样的行为应用于外部采购。企业只需建议它的采购部门忽略市场，转而与合格的单一来源外部供应商逐期订货，并保证供应商同意以成本加成的方式售货。在这种情况下，企业和市场在寻求价格的方面就处于均势的地位，也就是说，科斯将价格发现归因于市场的做法经不起比较制度的深入研究。①

最后，科斯对正统观念提出了深刻而重要的挑战，他坚持引入交易因素的做法并没有带来一些可证伪的含义（Alchian and Demsetz，

---

①　单凭转让价格是一席空话就声称无须对企业内部的交易保持警惕无疑是不够的。一方面，在分权化企业中，不同的转让价格会导致不同的要素比例，而企业中的这些部门又必须为它们的底线负责（如果不采用固定比例）；另一方面，因为企业内部的激励强度相对较弱，想要迅速收回付出的成本反而会引起成本的增加。其中，最为重要的一点是：只关注转让定价而忽视了企业和市场之间分立的组织差异，无疑是只见树木、不见森林的做法。

1972）。操作化（operationalization）是这些好想法所缺乏的（Coase，1992，pp. 716-718）。企业的治理结构理论是一次增加操作内容的尝试，而交易成本的节约是统一这一切的概念。①

3.3　企业治理结构的启发模式

基于"康芒斯三要素"（Commons Triple）原则，交易包含了三个方面的内容：冲突、相关性和秩序。治理作为一种手段，通过注入秩序来缓和冲突，并实现"经济学最基本的共识"——从自愿交换中多方获利。然而，让人费解的是，像治理这样的重要概念竟然长期被人们所忽视。

企业的治理结构模型是顺应交易特点、可替代治理模式特点以及其目的而出现的。其中，资产专用性（导致双边依赖）和不确定性（导致适应性需要）是尤为重要的交易属性。定义治理结构的特征包括激励强度、行政控制和契约法体制。在这个框架下，市场制和层级制的属性特征有以下不同：在层级制下，激励强度小，行政控制多且处于更分立的状态，内部协调代替法庭秩序成为解决纠纷的方式。适应被作为主要的目的，自发性适应与协调性适应的必要混合随着交易的不同而变化。具体来说，当资产专用性增加时，就产生了协调性适应的需要。

图 3 以一种启发性的方式展示了在市场制（M）和层级制（H）中组织交易时，作为资产专用性（k）的函数的交易成本结果。如图 3 所示，层级制的官僚负担一开始就将其置于不利的境地（$k=0$）。然而，一旦资产专用性建立起来，在市场制 $M(k)$ 和层级制 $H(k)$ 之间的成本差异就会缩小，而当协调性适应变得尤其强烈（$k \gg 0$）的时候，成本差异就会最终走向各自的反面。组织的混合模式可以进一步得到发展 $X(k)$，混合制被认为既保留了市场制的可靠契约模式，又拥有介于传统市场制和层级制之间的适应性特点。激励强度和行政控制因而具有了居间的价值，适用卢埃林的契约作为框架的概念。如图 3 所示，$M(0) < X(0) < H(0)$（由官僚主义的成本差异造成），而 $M' > X' > H'$（反映了

---

① 其他目的包括有效要素比例的选择、劳动专业化（在身体和认知方面），以及知识的获取与发展。

协调性适应的成本）。

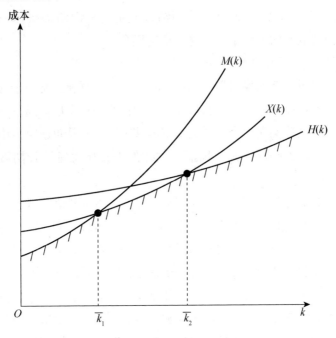

图 3　比较治理成本

这个基本体系产生了可证伪的含义，而且已有广泛的数据证实。另外，其范围也可以延伸到包括治理模式之间的不同生产成本，而这些治理模式又主要支持了一个基本的论断：在其他条件相同的假设前提下，资产专用性一旦建立，层级制就会得到支持（Riordan and Williamson，1985）。前文所描述的治理结构关系也可以用一个简单、随机的模式来复制，在这个模式当中，适应的要求随着交易而变化，自发性适应与协调性适应的功效也随着治理结构的变化而变化。变换参数也可以被引入这个模式中（Williamson，1991a），与这种体系大体一致的对契约完全正规的处理方法也会不断发展。

尽管大多数纵向一体化理论没有经过实证检验，但是纵向一体化的交易成本理论却已经成为大量实证检验的主题。在产业组织领域，实证检验尤其值得重视，因为这一领域在过去由于缺少此项工作而备受批评。不仅是科斯把他自己在 1937 年的文章描述为"多被引用而极少应用"（1972，p. 67），而且其他人也认为企业理论（Holmstrom and Ti-role，1989，p. 126）和产业组织领域的相关理论（Peltzman，1991）缺乏实证研究。相比而言，在过去的 20 年间，实证的交易成本经济学呈指数增长。详细的调查资料可参见谢兰斯基和克莱因（Shelanski and Klein，1995）、莱昂斯（Lyons，1996）、克罗克和马斯滕（Crocker and Masten，1996）、瑞德弗雷士和希德（Rindfleisch and Heide，1997）、马斯滕和索西亚（Masten and Saussier，2000）、博尔纳和马彻尔（Boerner and Macher，2001）的文献。① 除此之外，还有大量对公共政策，特别是对反垄断和规制方面的应用，以及对经济学（Dixit，1996）和相关的社会科学（尤其是政治科学）的应用。结果，企业的治理结构理论便成了广泛应用的框架。

4. 主题的变化

纵向一体化成为一个范式。尽管许多实证检验和公共政策的应用与生产还是购买决策及纵向市场的限制有关，但这样的框架却更普遍地被运用于契约行为。其中，企业与它的"利益相关者"——顾客、供应商、工人以及与金融投资方之间的契约关系，可以被理解为主题的变化。

4.1 缔约模式

假设一个企业可以生产或购买一种零件，并进一步假设这种零件可由通用技术或者专用技术来提供。那么，我们再次将 k 作为资产专用性

---

① 与此同时，我也注意到了 GM-Fisher Body 公司的案例（Klein，Crawford，and Alchian，1978）。这一案例被广泛地用来说明双边依赖所带来的契约过度紧张（参见 2000 年 4 月号的 *Journal of Law and Economics* 在这方面的讨论），且已经受到了批评。对于这一点，我有两方面的思考。第一，虽说像 GM-Fisher Body 公司这样的轶事也是存在实事缺陷的，但交易成本经济学仍然是一个与经验主义相关的成功故事［详见本文与惠斯顿（Whinston，2001）］；第二，一则传奇故事的主要目的仍然体现在教学意义上，体现在提供直觉的知识之上。这是糖果制造商和医师的案例之于外部性的意义（Coase，1959）；是 QWERTY 型键盘之于路径依赖（David，1985）的意义；是柠檬市场之于信息不对称的意义（Akerlof，1970）；也是公地悲剧之于集体组织的意义（Hardin，1968）。如果我们能够确信这些轶事是真实无误的，自然很好。然而，如果这些轶事中所描述的现象并非微不足道，也并非虚构（这样的条件只有开展经验研究的课题时才会变得明显），那么把抽象的条件带入生活的轶事无疑有助于实现其目的。

的衡量尺度。在图 4 中，使用通用技术的是 $k=0$ 的那些交易。在这种情况下，交易没有涉及具体的资产，交易各方也基本是陌生的。相应地，如果交易使用的是专用技术，则 $k>0$。正如前文所述，双边依赖的参与者存在增加连续性的激励，以保护他们的专用投资。用 s 表示这种保护措施的程度，保护措施包括罚金、信息泄露与举证程序、特殊的争端解决办法（如仲裁），以及在极端情况下通过统一所有权将两个阶段进行联合。$s=0$ 的条件表示没有提供任何保护措施；而 $s>0$ 则表示已经决定提供相应的保护措施。

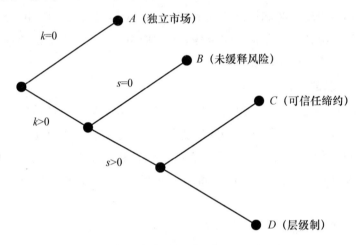

图 4　简单缔约模式

在图 4 中，点 A 对应的是法律和经济学中的理想交易：没有依赖性，治理是通过市场价格的竞争来实现的，在产生争端的时候，由法庭裁定损失。点 B 代表的是契约风险没有得到缓释的情况，因为使用的是专用投资（$k>0$），且没有提供保护措施（$s=0$）。有远见的交易者会认识到这种风险，并通过抬高价格来应对这种潜在的风险。

点 C 和点 D 提供了额外的契约支持（$s>0$）。在点 C 处，这些契约支持采取企业间的契约保障形式。然而，如果在点 C 处双方即使尽最大的努力制定交易的保障措施，仍要面对高昂的破坏成本，则交易可能就会离开市场而在统一的所有权（纵向联合）下重新组织。由于将交易带出市场进行内部操作会产生额外的官僚成本，内部交易通常被视作组织形式的最后手段。换言之，先尝试市场制或混合制，在所有尝试都失败的情况下，才求助于企业的形式。因此，点 D，即统一的企业，也只有在较高程度的资产专用性和更大的不确定性产生了较大的协调性适应需要的时候才会出现。

值得注意的是，在点 C 的条件下，供应商的要价会比在点 B 的条件下更低。这是因为，与点 B 相比，安全性的增加有助于减少点 C 的风险。因此，契约的风险溢价就会减少。言外之意，供应商不需要请求买方提供保障。由于当安全性得到提升的时候，买方将在一个更好的条件（更低的价格）下获得产品，这就给买方提供了可信任承诺的激励。因此，尽管此类约定有时被认为是对用户友好的缔约方式，但分析行为仍然立足于对可信度的精明使用，以支持那些存在资产专用性和契约风险的交易。然而，对于那些使用通用生产技术的交易而言，这种支持就毫无意义。

图 4 几乎可以被应用于所有的交易中，因为企业所处的地位使其可以拥有每一个相邻的阶段或者与之订立契约——前一阶段是原材料，接下来是零件，最后一个阶段是分销。[①] 但对于某些活动而言，所有权要么无法实现，要么非常稀缺。例如，企业不能拥有它们的工人，也不能拥有它们的最终顾客（尽管工人合作社和消费者合作社可以被认为属于所有权的范畴）。同样，企业几乎不可能拥有它们的资金提供者。在所有权被法律禁止或非常稀缺的情况下，点 D 就从图中被排除出去了。我将从分销的前向一体化开始分析，依次考虑与企业其他利益相关者的关系，包括劳动力、资金和公用事业规则。

4.2 分销的前向一体化

我将不考虑大众市场与制造商进行后向一体化的情况，而是考虑由产品制造商或品牌所有者发起的分销的前向一体化。其中，我将着重研究制造商与大量批发商，尤其是，所讨论的商品或服务的零售商之间的契约关系。

---

① 近似互补的行为通常被归类为"核心技术"（Thompson，1967，pp. 19-23），并且被有效地排除在比较制度分析之外。很"明显"，这些行为是在企业内部完成的。

许多这样的交易通常都是一般类别的。尽管贴有商标的商品和服务更特殊一些，但由于广告、推销和担保都是制造商的事情，所以，一些商品只是需要有一个放货架那么大的空间。既然这种明显的交易方式是通过市场与中间商做买卖，那么在点 A 的方式中，当这种交易受到纵向市场的限制时（例如顾客和地区限制、服务的限制、捆绑销售等），我们可以从中推断出什么？

分配效率的益处是由价格歧视带来的，而价格歧视是对这种有限的资源分配（选择科学）的解释，然而，一旦将弄清顾客的评价和阻止套利行为的交易成本考虑进去，这种优点就是有疑问的（Williamson，1975）。并且，价格歧视根本没有对可能性进行详尽的说明。

从契约的视角来考察，纵向的市场限制通常是以把秩序注入交易为目的和结果的，在这种交易中，系统的利益和参与者的利益是冲突的。例如，施温（Schwinn）自行车公司对特许经营商加上了非转卖的限制，而这一行为是出于商标完整性的考虑。商标是系统资产，当特许经营者察觉到获取自身收益的局部机会，把自行车卖给折扣商店，而折扣商店再把自行车"原封卖出"却不提供任何服务或维护时，商标价值就会被特许经营者损害（Williamson，1985，pp. 183-189）。更普遍地说，在市场权力很小，且简单市场交换（点 A）会损害不同产品的整体性的情况下，以及在分销的前向一体化（点 D）将会付出高昂的成本的情况下，使用纵向市场限制来实现可信的承诺（点 C）是很有必要的。

4.3　与劳动力的关系

由于企业不能占有它的劳动力，所以我们排除点 D，转而在点 A、点 B 和点 C 之间进行比较。点 A 对应的情况是，劳动力可以很容易地被重新配置到其他用途或提供给其他的使用者，而不损失生产价值（$k=0$）。因此，尽管这样的劳动力可能是技术高超的（像许多专业人员那样），而缺少企业专用性就意味着，除交易成本之外，工人和企业都没有兴趣制定惩罚措施来应对不希望看到的离职/终止，或者产生高额的内部劳动力市场成本（进口港、晋升阶梯）、高额的信息泄露与举证程序成本，以及高额的企业特有的争端解决机制成本。相互的利益并不能保障成本。

当 $k>0$ 时，条件就变化了，因为学到企业专用技术的工人如果提前离职（如果这样的工人辞职，企业就将会增加培训成本）将会失去价值。在这种情况下，未缓释风险（如点 B）会导致工人们要求风险溢价。同时，由冲突引发的契约僵局也会导致无效率。因为连续性对于企业和工人都是有好处的，所以治理特点有许多可取之处，如防止合同终止（遣散费）和离职（非既得利益）行为，以有序方式（纠错系统）来说明和解决争端，参与者对这种方式很有信心。上述行为均可以，但并无必要，采取"工会"的方式。不论名称怎样，这种方式的目的都是建立一个集体的组织结构（在点 C），使参与者相互之间有信心，并且提高效率（Baron and Kreps，1999，pp. 130-138；Williamson，1975，pp. 27-80；Williamson，1985，pp. 250-262）。①

4.4 与资金来源的关系

从契约的视角来看，董事会可以被看作一种安全象征，它为了支持资金的平等契约而诞生（Williamson，1988）。更一般地说，债务和股权不仅是法律和经济学意义上的可替代的金融模式（Easterbrook and Fischel，1986；Posner，1986），也是可替代的治理模式。

假设一个企业正在为下列项目寻求成本有效的资金：通用的移动设备、坐落在人口中心的通用办公大楼、位于生产中心的通用工厂、位于偏远地区的分销设施、特殊用途设备、市场和产品开发等。我们再进一步假设，债务是一种治理结构，几乎完全基于以下这套规则运作：（1）在协议期间定期支付既定的利息；（2）经营会持续遭遇某些流动性冲击；（3）在贷款到期日必须偿还本金；（4）在违约的情况下，债权人将使用优先购买权，要求得到有争议的资产。总之，如果事情变得糟糕，债务是无情的。

这种以规则为基础的治理非常适于一般类别的投资（$k=0$），因为

---

① 将集体组织作为治理反应进行强调与加里·贝克尔（Gary Becker）的早期研究有所不同。在贝克尔的研究中，人力资产专用性与上升型年限收入有关（Becker，1962）。贝克尔的理论更多的是与传统的选择学相关，而我的理论则是通过契约的视角来研究资产专用性。这二者并不互斥，但它们确实指向了不同的实证研究议程。

贷方可以将投资重新配置给其他备选用途或投资者，而几乎不损失生产性价值。因此，债务与市场治理可在点 A 处对应。但那些更特别（不易重新配置）的投资项目又该如何处理？

由于优先购买权索求的价值将随着资产专用性的增强而下降，前文描述的这种以规则为基础的资金将会在更不利的条件下得到，实际上，用债务为这样的项目筹集资金将会把参与者置于必须交付风险溢价的点 B。在这种情况下，企业有两种选择：要么牺牲一些专用性的投资特征以支持更大的重新配置性（返回点 A），要么将专用投资嵌入一个具备更好的财务条款的治理结构当中。那么，后者意味着什么？

假设一种叫股权的金融工具被创造出来，并假设其具有以下治理特性：（1）它在企业收入和资产清算两个方面都具有剩余索取权；（2）它的契约有效期和企业的生命周期相等；（3）董事会将被组建，并被授予股权，且此董事会（a）是从持有流通股的人中按比例投票选出的，（b）有权替换管理层，（c）有权决定管理层的薪酬，（d）有权及时获取内部业绩指标，（e）出于跟进目的，可以授权深入审查账目，（f）在实施重大的投资和运营计划前，应被告之情况，（g）在其他方面，承担重大决策审查和监督企业管理者关系的职责（Fama and Jensen，1983）。通过这样的解释，董事会被视为股东，可以通过能够有限调配的项目来提供保障，减少资本成本（把它们从点 B 移动到点 C）。

4.5　管制与自然垄断

以市场导向解决自然垄断问题的方法，是将特许经营权拍卖给出价最高的人（Demsetz，1968；Posner，1972）。然而，它的有效性取决于交易的本质与治理的具体情况。尽管那些以选择科学进行研究的人相信"阐明特定规则和提案的细节……只会使基本问题变得模糊"（Posner，1972，p.98），但是治理结构方法却认为许多行为都源于细节。

治理方法超出了初始投标竞争（为市场竞争）的范围，坚持把契约的履行阶段包括进去。根本性转变所适用的交易，是那些需要使用专用资产的、进行重大投资并且承受市场和技术方面大量不确定性的交易，同时也是那些在简单的特许经营权招标效率上有疑问的交易。

但这并不是说特许经营权招标不起作用，也不是说不应该重新考虑管制的决定——因为我们看到了货车运输业的成功去管制化（这从一开始本就不应该受管制所限）和最近对"网络产业"去管制化的尝试（Peltzman and Whinston，2000）。然而，我坚持认为，通过契约的视角来考察去管制化的行为对双方都有指导意义——正如评估撤销加州电力管制的行为一样，在那里，我们对顺利发挥功能的市场（假设）功效设置了太多的障碍，而对潜在的投资和契约风险以及适宜的治理应对措施却没有给予足够的重视。正如乔斯科（Joskow，2000，p. 51）所说：许多政策的制定者和支持者都对创建电力批发市场的难度感到惊讶……如果这些政策的制定者使用交易成本经济学的框架来看待重建政策的挑战，那么这些潜在的问题可能早已经被认识到，并提前采取应对机制来进行修正了。

与其他地方一样，我们得到的启示是用契约方式进行思考：展望未来，发现潜在的风险，并在设计演算中考虑这些问题。从罗伯特·米歇尔斯（Robert Michels，1915［1962］，p. 370）对寡头的解释中，我们得到的启示是，只有平和而坦诚地考察解除管制的契约风险，我们才能缓解这些损害。

5. 近来的批评

许多正统观念的怀疑者同时也是交易成本经济学的批评者，其中包括组织理论学家［尤其是西蒙（Simon，1991，1997）］、社会学家［最近的研究，参见里克特（Richter，2001）］和主张以资源为基础/核心竞争力/动态能力理论的人们。我在其他地方已经对其做出过回应[1]，在这里，我将集中讨论来自经济学内部的批评——特别是那些与企业边界相关的问题。[2]

---

[1]　有关我对西蒙做出的回应，参见威廉姆森（Williamson，2002）；有关我对社会学做出的回应，参见威廉姆森（Williamson，1981，1993，1996）；有关我对核心竞争力做出的回应，参见威廉姆森（Williamson，1996）。

[2]　其他的批评包括弗登伯格、霍姆斯特罗姆和密尔格罗姆（Fudenberg，Holmstrom，and Milgrom，1990，p. 21）的观点："如果有一个理想的长期契约，继而就会有一个理想的契约，并可通过一系列短期契约来实施。"我对此的回应是，这个证明虽然十分精致，但它却依赖于非常严格、不合情理的假设，且无法通过可行性测试的考验（Williamson，1991b）。

5.1 产权理论

毫无疑问，企业和市场组织的产权理论做出了开拓性的贡献 (Grossman and Hart，1986；Hart and Moore，1990；Hart，1995)。在此之前，不完全契约会形成正式建立的模型的观点受到了嘲笑。现在，这一切都改变了。

尽管产权理论已经很完备了，但我还是在两个相关的方面提出了反对的意见。第一，有观点认为产权理论"依赖并完善了由科斯和威廉姆森开创的交易成本经济学说"(Salanie，1997，p.176)，但这种观点仅是部分正确的。当然，产权理论在某些方面确实依赖（至少在思路上依赖）交易成本经济学：复杂的契约是不完善的（由于有限理性），作为承诺的契约并没有自身强制力（由于机会主义），解决冲突的法庭秩序作用有限（由于不可证实性），并且交易者们是双边依赖的（由于交易涉及专用投资）。然而，交易成本经济学将它的主要分析活动定位在不断发展的契约关系的治理上；企业的产权理论则通过假设在收益上达成共识和无需成本的讨价还价排除了契约关系的治理问题，结果，所有的分析活动都集中在了订立契约的激励调整阶段。既然对收益达成共识（Kreps and Wilson，1982）和无需成本的讨价还价的假设都是深存疑问的，那么，我对产权理论的解释就是"不完全符合现实情况……（因为它）掩盖了关键互动，而不是凸出它们"(Solow，2001，p.112)。

第二，我反对产权理论的下述观点：交易成本经济学没有解释为何双边依赖的交易在"并购后的企业中，会受较轻微的讨价还价和阻碍行为所限"。哈特（Hart，1995，p.28）写道："交易成本理论，事实上，没有给出答案。"言外之意，他认为产权理论提供了答案。

既然产权理论依赖的只是资产所有权，哈特和其他持有这一观点的人所能说的只是他们怀疑复制/选择性干预逻辑和每个与之相关的规律，而交易成本经济学正是以它们为基础来描述为什么企业和市场的具体结构方式各不相同。产权理论尤其怀疑交易成本经济学的以下四个观点：(1) 在协调性适应方面，企业比市场更有优势（在产权理论下是正确的，因为在契约履行期间，全部的所有权结构都能够没有成本地去适应）；（2）激励强度不可避免地受到内部组织的损害；（3）在企业中，行政控制更多并且差别更细微①；（4）内部组织隐含的契约法是自制，因此，企业作为自己的法庭来解决争端。由于所有这四个观点差别都可以通过实证来检验，所以，产权理论与交易成本经济学之间建立的真实关系可以通过数据来说明。然而，不能说交易成本经济学在企业与市场的区别这一问题上是沉默的或者含糊不清的。

事实上，产权理论对数据的利用很有限，因为它几乎没有引出可证伪的含义，实际上也几乎无法检验（Whinston，2001）。相反，交易成本经济学引出了大量可证伪的含义，并且欢迎实证检验。

5.2 企业的边界

我同意霍姆斯特罗姆和罗伯茨（Holmstrom and Roberts，1998，p.91）的观点："企业理论……过于狭隘地将焦点集中在了套牢问题（hold-up problem）和资产专用性的角色之上。"其他（可能相关的）契约难题需要得到承认，治理所产生的影响才会得到显现。不过，虽然我同意将资产专用性之外的因素纳入其中，但我也需要指出，资产专用性是一个具有可操作性和包容性的概念。

资产专用性具有可操作性的原因是它有助于在交易"复杂性"的想法中加入内容。因此，虽然我们在直观上可以明显地认为复杂的治理结构应该用于处理复杂的交易，但契约的复杂性又应该如何处理？确认关于区分交易差别的关键维度（其中资产专用性尤为重要），对于阐明契

---

① 例如，格罗斯曼和哈特（Grossman and Hart，1986，p.695）假设："一名雇主对其所（完全）拥有的子公司进行的任何审计行为，在此子企业是一家独立公司时也完全适用。"然而，交易成本经济学对此不仅持有相反的观点（Williamson，1985，pp.154-155），交易成本经济学还认识到，对账目的审核并非完全客观，而且审计也可作为一种战略工具来使用（第6章）。并且，如果一体化遵循产权理论的规定（具有方向性）而非遵循交易成本经济学的规定（具有统一性），那么账目的审核就会被当作一种战略工具来使用。结果，产权理论与定向一体化联合产生的高强度激励会遭到损害——因为收购阶段对于账目审查的管理将被用于利润的再分配，而资源再分配又是通过操纵转让价格、用户成本费用、间接费率、叠加、分期偿还、库存准则等来进行的。尽管哈特（Hart，1995，pp.64-66）似乎承认这些结果，但是产权理论的基本模式（第2章）却对此持有相反的态度。

约的复杂问题是非常关键的（Williamson，1971，1979，p. 239）——
但这并不是说这种做法是详尽无遗的。

至于将资产专用性视为包容性概念的观点，可以参考霍姆斯特罗姆
与罗伯茨（Holmstrom and Roberts，1998，p. 87）指责多单位的零售
业务（如特许经营）无法从资产专用性的视角得到解释的论述。这种指
责忽视了品牌资本（Klein，1980）是资产专用性的一种形式的事实，
资产专用性的完整性因此可能遭到损害（正如上面提到的施温自行车公
司的例子那样）。并且，如果其他对于复杂经济组织的可能解释（例如，
技术的不可分性，或者代理人拥有不同程度风险规避的考虑）不是在更
大程度上与数据吻合，就是并不与数据相矛盾，那么资产专用性便不
会"被过度使用"。我将进一步说明，霍姆斯特罗姆和罗伯茨（Holm-
strom and Roberts，1998，p. 75）就"以一个更为开阔的视角看待企
业与企业边界的确定"这点提出的许多论点和论据，不仅是与交易成
本经济学同时产生的，也是曾经得到过充分论述甚至对其特征有所阐
述的。

我对他们的主张（Holmstrom and Roberts，1998，p. 77）感到费
解，例如："在交易成本经济学中，功能性市场是一个黑箱，就如同新
古典经济学理论中的企业一样。"显而易见，在图 4 中，点 C 是一种市
场治理模式，它由交易各方有意识的努力所支持，这种努力的目的是为
交易设计跨期的契约保护措施。而在此类交易中，交易参与者的身份与
交易本身的连续性皆是重要的因素。只有对那些拒绝接受混合治理机制
的人，点 C 才是一个黑箱。与此同时，摆脱对契约法一体通用的观点，
并确定契约法制度在不同的治理模式中呈现出的系统层面差异，这一行
为不是、也不应该被视为构建黑箱的行为——因为针对合同的法律条
文、契约框架和自制法的契约法，也分别是市场制、混合制和层级制的
契约法。

霍姆斯特罗姆和罗伯茨（Holmstrom and Roberts，1998，p. 81）
把日本的分包（subcontracting）当作"与交易成本理论直接地对立"
的例子。霍姆斯特罗姆和罗伯茨在某种程度上参照了稻次郎（Banri

Asanuma，1989，1992）的研究，并报告（Holmstrom and Roberts，1998，pp. 80-82），日本的分包合同利用"与一些有限数量的独立供应商的长期紧密关系，将市场制与层级制的因素混同，（从而保护）专用资产"。这些紧密的关系要靠小心的监控、两供应商体系（如丰田）、丰富的信息共享，以及阻止自主生产者采取机会主义方式的行为来维持，可以说，"供应商的联合方便了沟通……以及（增强了）声誉（效应）"。

1983 年的春天，稻次郎教授和我参观了一些日本汽车企业（包括丰田），当时，我介绍了所有上面这些观点（Williamson，1985，pp. 120-123；Williamson，1996，pp. 317-318）。有趣的是，巴伦和克雷普斯（Baron and Kreps，1999，pp. 542-543）也认为丰田的缔约实践与交易成本经济学的观点是一致的。

然而，我也承认，对于霍姆斯特罗姆和罗伯茨（Holmstrom and Roberts，1998，pp. 90-91）所提到的组织知识和学习的作用，交易成本经济学并没有深入研究。然而，这不意味着交易成本经济学不涉及或不能涉及这些问题。在这一点上，我发现交易成本经济学在很早就为企业特有的"干中学"行为以及默认的知识做好了准备（Williamson，1971，1975）；我还观察到，协调需求各异的"知识项目"的组织即便是现在也是从治理结构的角度进行考察的（Nickerson and Zenger，2001）。此外，霍姆斯特罗姆和罗伯茨所提到的、对上述要点与其他问题的研究，常常从不同的视角进行考察，而交易成本经济学的视角仅仅是其中之一。

6. 结论

契约视角/私人秩序/治理的应用，很自然地导致了我们对企业从传统选择科学中的生产单位到治理结构的重新定义。这种从选择到契约的转变包含了三个关键的步骤。第一，用一种更加真实的方式来描述人类行为的认知特质和自利性；第二，组织是重要的，契约关系的治理严肃地接受了"康芒斯三要素"在处理冲突、相关性和秩序问题时提出的挑战；第三，组织是可以分析的，最后一个步骤通过把交易确定为基本的分析单位，把分立且结构各异的治理结构视为管理交易的手段，并将这两点结合起来。更明确地说，不同特点的交易通过治理结构以一种节约的方式联系了起来，而不同的治理结构又有不同的成本和能力。为实现这一点，就需要弄清有效匹配的逻辑。

上述分析产生的企业理论不仅与新古典经济学中的企业理论有非常大的差异，契约的治理分支与激励分支也不相同，而激励分支又包括了正式机制的设计、代理理论以及产权理论。这些理论都是对缔约过程中的激励匹配阶段进行研究分析，因此忽视了不同治理结构在契约履行期间的适应差异问题。组织理论学家呼吁（而我只是有选择性地呼吁）我们关注的跨期规律，以及我所描述的契约复杂性的增加（根本性转变、复制/选择性干预的不可能性和契约法体制），在所有关于激励匹配的文献中都很少或者根本就没有被提及。

节俭是一种美德，额外增加的复杂性需要被证明是合理的。出于许多目的，我主张对企业和市场组织的结果进行不同的、更丰富和更好的研究。企业和市场组织的交易成本经济学不仅为非标准化和非常见的契约与组织形式提供了不同的解释，而且引出了许多可辩驳的含义。企业的治理结构理论代替了企业作为黑箱的概念，从而引起了对商业进行的大量的、不断增长的实证研究，以及对公共政策的选择性改造。此外，迪克西特（Dixit，1996）运用交易成本的推理，打开了公共政策制定的黑箱，描述了公共政策的收益，并解释了决策做出的实际过程。[①]

对于像经济组织这种充满让人迷惑的复杂性困扰的领域，多元主义是值得推荐的。尽管有多元主义的存在，治理方法也仍是一种富有创造性、启发性的考察经济组织的方式。在前文所提到的在所有概念上的公共政策方面的讨论，交易成本经济学都体现了其创造性，也更具前瞻性；它向契约科学注入了生命力，并在此过程中激发了其他工作——一些是对立的而一些是互补的，体现了其启发性。一个反复出现的结论

[①] 克雷普斯（Kreps，1999，p. 123）对完全形式主义的评价也是以预防作为信号："大多数经济学家，尤其是那些刚结束研究生学业进入经济学研究领域的新丁，都把交易成本经济学作为（不完全）契约理论更换名字后的变体理论进行研究……（在等待新的研究工具出现的同时，）我们应该清楚地认识到这些变体理论是多么的（不）完全，这样我们才能对抗那些以若即若离的态度看待市场制与层级制的错误倾向。"

是，与选择的视角相比，契约的视角更能加深我们对复杂经济组织的理解，并启发我们：相同的视角对于应用微观经济学和相邻的其他社会科学也可能具有普遍的影响。

参考文献

Akerlof，George A. 1970. "The Market for 'Lemons'：Qualitative Uncertainty and the Market Mechanism. " *Quarterly Journal of Economics*，August，84，pp. 488-500.

Alchian，Armen and Harold Demsetz. 1972. "Production，Information Costs，and Economic Organization. " *American Economic Review*，December，62，pp. 777-795.

Arrow，Kenneth. 1999. "Forward. " In *Firms，Markets and Hierarchies：The Transaction Cost Economics Perspective*. eds. ，G. Carroll and D. Teece，pp. ⅶ-ⅷ. New York：New York University Press.

Asanuma，Banri. 1989. "Manufacturer-Supplier Relationships in Japan and the Concept of Relationship-Specific Skills. " *Journal of Japanese and International Economies*，3（1），pp. 1-30.

Asanuma，Banri. 1992. "Manufacturer-Supplier Relationships in International Perspective：The Automobile Case. " In *International Adjustment and the Japanese Firm*. Paul Sheard，ed. Paul Sheard，pp. 99-124. St. Leonards，NSW：Allen and Unwin.

Aumann，Robert J. 1985. "What Is Game Theory Trying to Accomplish?" In *Frontiers of Economics*. eds. K. Arrow and S. Hankapohja，pp. 28-78. Oxford：Basil Blackwell.

Bajari，Patrick and Steven Tadelis. 2001. "Incentives Versus Transaction Costs：A Theory of Procurement Contracts. " *Rand Journal of Economics*，32，pp. 387-407.

Barnard，Chester I. 1938. *The Functions of the Executive*. Cambridge：Harvard University Press.

Baron，James N. and David M. Kreps. 1999. *Strategic Human Re-*

sources: *Frameworks for General Managers*. New York: Wiley.

Becker, Gary. 1962. "Investment in Human Capital: Effects on Earnings." *Journal of Political Economy*, October, 70, pp. 9−49.

Ben-Porath, Yoram. 1980. "The F-Connection: Families, Friends, and Firms and the Organization of Exchange." *Population and Development Review*, March, 6, pp. 1−30.

Boerner, C. S. and J. Macher. 2001. "Transaction Cost Economics: A Review and Assessment of the Empirical Literature." Unpublished Manuscript.

Brennan, Geoffrey and James Buchanan. 1985. *The Reason of Rules*. Cambridge: Cambridge University Press.

Buchanan, James M. 1964a. "What Should Economists Do?" *Southern Economic Journal*, January, 30, pp. 312−322.

Buchanan, James M. 1964b. "Is Economics the Science of Choice?" In *Roads to Freedom: Essays in Honor of F. A. Hayek*. ed., E. Streissler, pp. 47−64. London: Routledge and Kegan Paul.

Buchanan, James M. 1975. "A Contractarian Paradigm for Applying Economic Theory." *American Economic Review*, May, 65, pp. 225−230.

Buchanan, James M. 1987. "The Constitution of Economic Policy." *American Economic Review*, June, 77, pp. 243−250.

Buchanan, James M. 2001. "Game Theory, Mathematics, and Economics." *Journal of Economic Methodology*, March, 8, pp. 27−32.

Buchanan, James M. and Gordon Tullock. 1962. *The Calculus of Consent: Logical Foundations of Constitutional Democracy*. Ann Arbor: University of Michigan Press.

Coase, Ronald H. 1937. "The Nature of the Firm." *Economica*, November, 4, pp. 386−405.

Coase, Ronald H. 1959. "The Federal Communications Commission." *Journal of Law and Economics*, October, 3, pp. 1−40.

Coase, Ronald H. 1972. "Industrial Organization: A Proposal for Research." In *Policy Issues and Research Opportunities in Industrial Organization*. ed., V. R. Fuchs, pp. 59 – 73. New York: National Bureau of Economic Research.

Coase, Ronald H. 1992. "The Institutional Structure of Production." *American Economic Review*, September, 82, pp. 713–719.

Commons, John R. 1932. "The Problem of Correlating Law, Economics and Ethics." *Wisconsin Law Review*, 8, pp. 3–26.

Commons, John R. 1934. *Institutional Economics*. Madison: University of Wisconsin Press.

Crocker, Keith and Scott Masten. 1996. "Regulation and Administered Contracts Revisited: Lessons from Transaction-Cost Economics for Public Utility Regulation." *Journal of Regulatory Economics*, January, 9 (1), pp. 5–39.

Cyert, Richard and James March. 1963. *A Behavioral Theory of the Firm*. Englewood Cliffs, NJ: Prentice-Hall.

David, Paul. 1985. "Clio in the Economics of QWERTY." *American Economic Review*, May, 75, pp. 332–337.

Demsetz, Harold. 1968. "Why Regulate Utilities?" *Journal of Law and Economics*, April, 11, pp. 55–66.

Demsetz, Harold. 1983. "The Structure of Ownership and the Theory of the Firm." *Journal of Law and Economics*, 26: 2, pp. 275–290.

Dixit, Avinash K. 1996. *The Making of Economic Policy: A Transaction-Cost Politics Perspective*. Boston, Mass. : MIT Press.

Easterbrook, Frank and Daniel Fischel. 1986. "Close Corporations and Agency Costs." *Stanford Law Review*, January, 38, pp. 271–301.

Fama, Eugene F. and Michael C. Jensen. 1983. "Separation of Ownership and Control." *Journal of Law and Economics*, June, 26, pp. 301–326.

Fudenberg, Drew, Bengt Holmstrom and Paul Milgrom. 1990. "Short-Term Contracts and Long-Term Agency Relationships." *Journal of Economic Theory*, June, 51, pp. 1-31.

Galanter, Marc. 1981. "Justice in Many Rooms: Courts, Private Ordering, and Indigenous Law." *Journal of Legal Pluralism*, 19: 1, pp. 1-47.

Grossman, Sanford J. and Oliver Hart. 1986. "The Costs and Benefits of Ownership: A Theory of Vertical and Lateral Integration." *Journal of Political Economy*, August, 94, pp. 691-719.

Hardin, Garrett. 1968. "The Tragedy of the Commons." *Science*, December, 162, pp. 1243-1248.

Hart, Oliver. 1995. *Firms, Contracts and Financial Structure*. New York: Oxford University Press.

Hart, Oliver and John Moore. 1990. "Property Rights and the Nature of the Firm." *Journal of Political Economy*. December, 98, pp. 1119-1158.

Hart, Oliver and Jean Tirole. 1990. "Vertical Integration and Market Foreclosure." In *Brookings Papers on Economic Activity: Microeconomics*. eds. , Martin Neil Baily and Clifford Winston, pp. 205-276. Washington, D. C. : Brookings Institution.

Hayek, Friedrich. 1945. "The Use of Knowledge in Society." *American Economic Review*, September, 35, pp. 519-530.

Holmstrom, Bengt and John Roberts. 1998. "The Boundaries of the Firm Revisited." *Journal of Economic Perspectives*, Fall, 12(3), pp. 73-94.

Holmstrom, Bengt and Jean Tirole. 1989. "The Theory of the Firm." In *Handbook of Industrial Organization*. eds. , R. Schmalensee and R. Willig, pp. 61-133. New York: North Holland.

Joskow, Paul L. 2000. "Transaction Cost Economics and Competition Policy. " Unpublished Manuscript.

Klein, Benjamin. 1980. "Transaction Cost Determinants of 'Unfair' Contractual Arrangements. " *American Economic Review*, May, 70, pp. 356-362.

Klein, Benjamin, Robert A. Crawford and Armen A. Alchian. 1978. "Vertical Integration, Appropriable Rents, and the Competitive Contracting Process. " *Journal of Law and Economics*, October, 21, pp. 297-326.

Kreps, David M. 1999. "Markets and Hierarchies and (Mathematical) Economic Theory. " In *Firms, Markets, and Hierarchies.* eds. , G. Carroll and D. Teece, pp. 121-155. New York: Oxford University Press.

Kreps, David M. and Robert Wilson. 1982. "Reputation and Imperfect Information. " *Journal of Economic Theory*, August, 27 (2), pp. 253-279.

Llewellyn, Karl N. 1931. "What Price Contract? An Essay in Perspective. " *Yale Law Journal*, May, 40, pp. 704-751.

Lyons, Bruce R. 1996. "Empirical Relevance of Efficient Contract Theory: Inter-Firm Contracts. " *Oxford Review of Economic Policy*, 12 (4), pp. 27-52.

Machlup, Fritz and M. Tabor. 1960. "Bilateral Monopoly, Successive Monopoly and Vertical Integration. " *Economica*, May, 27, pp. 101-119.

Makowski, Louis and Joseph Ostroy. 2001. "Perfect Competition and the Creativity of the Market. " *Journal of Economic Literature*, June, 32, pp. 479-535.

March, James and Herbert Simon. 1958. *Organizations.* New York: John Wiley.

Marshall, Alfred. 1932. *Industry and Trade.* London: Macmillan.

Masten, Scott and Stephane Saussier. 2000. "Econometrics of Contracts: An Assessment of Developments in the Empirical Literature on Contracting." *Revue d'Economie Industrielle*, Second and Third Trimesters, 92, pp. 215−236.

McKenzie, L. 1951. "Ideal Output and the Interdependence of Firms." *Economic Journal*, December, 61, pp. 785−803.

Michels, Robert. 1915 [1962]. *Political Parties*. Glencoe, Ill.: Free Press.

Newell, Allen and Herbert Simon. 1972. *Human Problem Solving*. Englewood Cliffs, NJ: Prentice-Hall.

Nickerson, Jackson and Todd Zenger. 2001. "A Knowledge-Based Theory of Governance Choice: A Problem Solving Approach." Unpublished Manuscript.

Peltzman, Sam. 1991. "The Handbook of Industrial Organization: A Review Article." *Journal of Political Economy*, February, 99: 1, pp. 201−217.

Peltzman, Sam and Clifford Whinston. 2000. *Deregulation of Network Industries*. Washington, D. C. : Brookings Institution Press.

Perry, Martin. 1989. "Vertical Integration." In *Handbook of Industrial Organization*. eds. , R. Schmalensee and R. Willig, pp. 183−255. Amsterdam: North-Holland.

Posner, Richard A. 1972. "The Appropriate Scope of Regulation in the Cable Television Industry." *Bell Journal of Economics*, Spring, 3, pp. 98−129.

Posner, Richard A. 1986. *Economic Analysis of Law*, *Third Edition*. Boston: Little Brown.

Posner, Richard A. 1993. "The New Institutional Economics Meets Law and Economics." *Journal of Institutional and Theoretical*

Economics, March, 149, pp. 73-87.

Reder, Melvin W. 1999. *Economics: The Culture of a Controversial Science*. Chicago: University of Chicago Press.

Richter, Rudolph. 2001. "New Economic Sociology and New Institutional Economics." Unpublished Manuscript.

Rindfleisch, Aric and Jan Heide. 1997. "Transaction Cost Analysis: Past, Present and Future Applications." *Journal of Marketing*, October, 61, pp. 30-54.

Riordan, Michael H. and Oliver E. Williamson. 1985. "Asset Specificity and Economic Organization." *International Journal of Industrial Organization*, December, 3 (4), pp. 365-378.

Robbins, Lionel. 1932. *An Essay on the Nature and Significance of Economic Science*. New York: New York University Press.

Salanié, Bernard. 1997. *The Economics of Contracts*. Cambridge, Mass. : MIT Press.

Schmalensee, Richard. 1973. "A Note on the Theory of Vertical Integration." *Journal of Political Economy*, March/April, 81, pp. 442-449.

Schumpeter, Joseph A. 1942. *Capitalism, Socialism, and Democracy*. New York: Harper and Row.

Scott, Richard W. 1992. *Organizations*. Englewood Cliffs, NJ. : Prentice-Hall.

Selznick, Philip. 1949. *TVA and the Grass Roots*. Berkeley: University of California Press.

Selznick, Philip. 1950. "The Iron Law of Bureaucracy." *Modern Review*, 3, pp. 157-165.

Shelanski, Howard A. and Peter G. Klein. 1995. "Empirical Research in Transaction Cost Economics: A Review and Assessment." *Journal of Law, Economics and Organization*, October, 11, pp. 335-361.

Simon, Herbert. 1957a. *Administrative Behavior, Second Edition*. New York: Macmillan.

Simon, Herbert. 1957b. *Models of Man: Social and Rational; Mathematical Essays on Rational Human Behavior in a Social Setting*. New York: Wiley.

Simon, Herbert. 1978. "Rationality as Process and as Product of Thought." *American Economic Review*, May, 68, pp. 1-16.

Simon, Herbert. 1983. *Reason in Human Affairs*. Stanford: Stanford University Press.

Simon, Herbert. 1985. "Human Nature in Politics: The Dialogue of Psychology with Political Science." *American Political Science Review*, June, 79 (2), pp. 293-304.

Simon, Herbert. 1991. "Organizations and Markets." *Journal of Economic Perspectives*. Spring, 5 (2), pp. 25-44.

Simon, Herbert. 1997. *An Empirically Based Microeconomics*. New York: Cambridge University Press.

Solow, Robert. 2001. "A Native Informant Speaks." *Journal of Economic Methodology*, March, 8, pp. 111-112.

Stigler, George J. 1951. "The Division of Labor is Limited by the Extent of the Market." *Journal of Political Economy*, June, 59, pp. 185-193.

Thompson, James D. 1967. *Organizations in Action: Social Science Bases of Administrative Theory*. New York: McGraw-Hill.

Veblen, Thorstein. 1904. *The Theory of Business Enterprise*. New York: Charles Scribner's Sons.

Vernon, John M. and Daniel A. Graham. 1971. "Profitability of Monopolization by Vertical Integration." *Journal of Political Economy*, July/August, 79, pp. 924-925.

Warren-Boulton, Frederick. 1974. "Vertical Control With Variable Proportions." *Journal of Political Economy*, July/August, 82 (4), pp. 783-802.

Westfield, Fred. 1981. "Vertical Integration: Does Product Price Rise or Fall?" *American Economic Review*, 71 (3), pp. 334-346.

Whinston, Michael. 2001. "Assessing Property Rights and Transaction-Cost Theories of the Firm." *American Economic Review*, May, 91 (2), pp. 184-199.

Williamson, Oliver E. 1971. "The Vertical Integration of Production: Market Failure Considerations." *American Economic Review*, May, 61 (2), pp. 112-123.

Williamson, Oliver E. 1975. *Markets and Hierarchies: Analysis and Antitrust Implications*. New York: Free Press.

Williamson, Oliver E. 1976. "Franchise Bidding: In General and with Respect to CATV." *Bell Journal of Economics*, 7 (1), pp. 73-104.

Williamson, Oliver E. 1979. "Transaction Cost Economics: The Governance of Contractual Relations." *Journal of Law and Economics*, October, 22, pp. 233-261.

Williamson, Oliver E. 1981. "The Economics of Organization: The Transaction Cost Approach." *American Journal of Sociology*. November, 87, pp. 548-577.

Williamson, Oliver E. 1983. "Credible Commitments: Using Hostages to Support Exchange." *American Economic Review*. September, 73 (4), pp. 519-540.

Williamson, Oliver E. 1985. *The Economic Institutions of Capitalism*. New York: Free Press.

Williamson, Oliver E. 1987. "Vertical Integration." In *The New Palgrave: A Dictionary of Economics, Volume IV*. eds., J. Eatwell *et al.*, pp. 807-812. London: Macmillan.

Williamson, Oliver E. 1988. "Corporate Finance and Corporate

Governance." *Journal of Finance*, July, 43, pp. 567−591.

Williamson, Oliver E. 1991a. "Comparative Economic Organization: The Analysis of Discrete Structural Alternatives." *Administrative Science Quarterly*, June, 36, pp. 269−296.

Williamson, Oliver E. 1991b. "Economic Institutions: Spontaneous and Intentional Governance." *Journal of Law, Economics and Organization*, (Special Issue,) 7, pp. 159−187.

Williamson, Oliver E. 1993. "Calculativeness, Trust, and Economic Organization." *Journal of Law and Economics*, April, 36, pp. 453−486.

Williamson, Oliver E. 1996. *The Mechanisms of Governance*. New York: Oxford University Press.

Williamson, Oliver E. 1998. "Transaction Cost Economics: How It Works; Where It Is Headed." *De Economist*. April, 146, pp. 23−58.

Williamson, Oliver E. 1999a. "Public and Private Bureaucracies: A Transaction Cost Economics Perspective." *Journal of Law, Economics and Organization*, April, 15, pp. 306−342.

Williamson, Oliver E. 1999b. "Strategy Research: Governance and Competence Perspectives." *Strategic Management Journal*, December, 20, pp. 1087−1108.

Williamson, Oliver E. 2000. "The New Institutional Economics: Taking Stock, Looking Ahead." *Journal of Economic Literature*, September, 38 (3), pp. 595−613.

Williamson, Oliver E. 2002. "Empirical Microeconomics: Another Perspective," In *The Economics of Choice, Change, and Organization*, eds. , Mie Augier and James March. Brookfield, Vt. : Edward Elgar. Forthcoming.

实用主义方法论：
交易成本经济学上的应用[*]

我是以应用微观经济学践行者的身份来讨论实用主义方法论这个主题的。一直以来，我都从事至今仍处于新兴领域的"组织经济学"的研究。我的目的在于明确交易成本经济学的研究方法，并建议其他关于经济组织的理论也采用同样的做法（即寻找合适的研究方法）。在这个过程中，将会发展出趋同的观点，甚至可能达成共识。至少，它对于让之前隐晦的方法论变得清晰是有用的。

本文第 1 节主要介绍了关于研究方法的几个相互对立的观点；第 2节提出了实用主义方法论的基本要素；第 3 节探讨了交易成本经济学是如何诠释实用主义方法论的四个基本原则的；第 4 节讨论了交易成本经济学引出的对于其他方法论的思考；最后一节是我的总结。

1. 相关背景

在库普曼斯（Koopmans，1957）《经济知识的构成》（The Construction of Economic Knowledge）一文中，第 1 节的标题为"臭名昭著的方法论"。开篇引用了丹尼斯·H. 罗伯森（Dennis H. Robertson）的话，"有必要为大家所鄙夷的方法论说几句话，以捍卫自己的观点"（Koopmans，1957，p. 129）。然而，库普曼斯坚持自己的立场，并在文

---

  * 原文 "Pragmatic Methodology：A Sketch, with Applications to Transaction Cost Economics"，载于 *Journal of Economic Methodology*，2009，16（2），pp. 145-157。

章的最后表示同意罗伊·哈罗德（Roy Harrod）的观点："我之所以要谈谈自己对研究方法的看法，是因为内心有着很强的欲望，总想要说点什么"（Koopmans，1957，p. 130）。

马克·布劳格（Mark Blaug，1997，p. 20）对这些持"怎么都行"的态度，而我最想做的就是提出一个不同的观点——这个观点不仅是一般性的，而且是特别针对交易成本经济学的。

2. 实用主义方法论

索洛（Solow，2001，p. 111）将自己描述为纯朴的信息员而非方法论专家，他关于"经济学家认为自己所做的是什么"的论述体现了三项训谕：保持简单（keep it simple），使其正确（get it right），让其合理（make it plaussible）。保持简单，就要去掉不重要的部分，专注于一阶效应，也就是主要矛盾，然后再讲限定条件、改进和延伸；使其正确，就要把逻辑搞清楚；让其合理，就要把握好事实，避免基于想象的推论。

索洛在讲到"简单化"训谕的时候，提到了"现实生活的极度复杂性，使我们有必要将模型简单化"。要做到这一点，我们就要认识到，"大多数现象都是受少数几个力量所驱动的，一个好的理论是把事情简单化，抓住主要驱动力，省去次要的内容"（Friedman，1997，p. 196）。将注意力集中起来，就会发现最主要的特点和关键的规律。

使其正确，"就要把经济学的观念转化为数学公式（也可以是图表或者文字），并确保后续的逻辑推理是准确的和被证实的；关于复杂现象的简单合理的模型，要让重要参数的合理值或者似真值变得有意义"（Solow，2001，p. 112）。"并不是任何符合逻辑的都是可信的（Kreps，1999，p. 125）"，脱离现象的想象都是值得怀疑的；如果另外更真实的模型产生了可证伪的结论（refutable implication），而该结论得到了数据支持，那么之前的那个模型就更值得怀疑了。

考虑上述最后的这一点，带给我第四个原则：得出可证伪的含义，并能得到相关（通常为微观分析上的）数据支撑。尼古拉斯·乔治斯库–罗根（Nicholas Georgescu-Roegen）有句话形容得很恰当："总的来说，科学的目的并不是预测，而是为了获得关于科学本身的知识"，不过，预测是"衡量科学知识的标准"（Georgescu-Roegen，1971，p. 37）。大多数经济学家深知，与数据一致的理论拥有更大的影响力。米尔顿·弗里德曼（Milton Friedman）在回顾他自己毕生的研究时，说得非常中肯："我相信，我的研究之所以能够对一些领域产生影响，不是因为纯粹的分析，而是我搜集的实证依据。"[①]

因为社会科学涉及非常复杂的现象（Simon，1957，p. 89；Wilson，1999，p. 183），"不管你朝着哪个方向，都有很大的先验概率是错的；所以，如果其他人正沿着不同发展方向进行探索，本身就是好事"（Simon，1992，p. 21）。由此可见，我们关心的不是单个理论，而是多元理论。同时，多元理论几乎都不是全面出现的，一般是经过循序渐进的自然发展而成，要经历从不正式到准正式、到半正式、再到正式的发展阶段——并且，在每个阶段之中，理论和实证之间存在着相互影响的关系（Newell，1990，p. 14）：

> 理论是不断累加的。它们被不断改进、重塑、纠正和扩展。因此，我们所处的并不是波普尔的世界……（理论并不是）被荒谬的辩驳所击破……理论更像研究生——入学之后会想尽办法不让他们退学……理论是需要培养、改变和积累的。

然而，对于单个理论的连续提炼和重塑并不会无限地持续下去。早晚有一天会得出结果，到那时，每个潜在的理论都必须表明自己的立场——我的意思是每个潜在理论都应该用实用主义方法论的四个基本原则来衡量，尤其是最后一个。

3. 交易成本经济学

这一部分介绍的是交易成本经济学和实用主义方法论的四个基本原则之间的关系。

3.1 保持简单

经济组织的设立有着许多不同目的。交易成本经济学认为其中最重

---

① 来自 2006 年 2 月 6 日米尔顿·弗里德曼与笔者的个人交流。

要的是交易成本的节约。这一点顺应了弗兰克·奈特（Frank Knight，1941，p.252）的观点：

> 在有限的条件下，大多数人都希望行为更具节约性，以使他们的活动和组织变得"高效"而不是浪费。这一事实值得我们强调；同时，关于经济学的定义也会清楚地告诉我们，这里讨论的问题主要反映在经济学和社会政策的关系上——社会政策的实施被认为是为了提高经济效率和减少浪费。

在1941年和之后的30年里，更为普遍的观点是：相对于节约，垄断才是事实。但这其实在概念上是错的，并会导致错误的公共政策出台。罗纳德·科斯针对盛行的错误概念做了这样一番评论："如果一个经济学家发现某个事物无法理解，比如某种形式的商业行为，他就将之归因于垄断。我们对于这一方面知之甚少，我们无法理解的行为有很多，那就会自然而然地诉诸垄断来解释"（Coase，1972，p.67）。随之而来的是错误的公共政策，它们体现在执行反垄断法时的"冷漠传统"：非标准的契约实践和组织结构被认为是不被一般法律传统所接受的，进而被认为是适用于反垄断法的。[1]

尽管关于垄断的说法有时候很容易让人接受（在商业策略研究文献中，垄断手法和商业定位一般都是主要问题），但是基于节约的思路正逐渐变得越来越重要。[2] 节约可以通过几个不同的形式反映出来，这其中，交易成本经济学关注的主要是适应性。

有趣的是，经济学家弗里德里希·哈耶克和组织理论家切斯特·巴纳德都认为，经济组织的主要目标就是适应。不过，他们对适应有着不

---

[1] 这段话引自时任美国司法部反垄断部门负责人的斯坦利·罗宾森（Stanley Robinson），1968年纽约州法律协会，反垄断研讨会（New York State Bar Association, Antitrust Symposium），第29页。

[2] 尽管垄断权力的战略追求分析起来很有意思，但是对于开放的庞大经济体中的大多数企业而言，这样的权力是可以忽略不计的或者是转瞬即逝的。因此，在大多数时候对于大多数行业中的大多数企业来说，节源是最好的战略。这听起来没什么特别，有时候确实是这样。然而，关于私人秩序的研究表明，很多节约成本的问题被抛向了对经济组织的考察，这是通过契约的视角而不是正统的选择视角来实现的。

同的理解。当相对价格发生变化时就产生了自发性适应，这就是哈耶克强调的"市场的奇迹"（Hayek，1945）。相反，巴纳德（Barnard，1938）关注的是"自觉、慎重、有目的"的协调性适应，这种适应是通过企业的管理手段实现的。这两种适应都很重要，至于采用何种适应，则取决于交易的属性。换句话说，交易成本经济学通过两者相结合的方式（而不是像旧观念下那样将市场制和层级制孤立开来）对市场制和层级制进行研究。

3.2 使其正确

"使其正确"这一原则反映在交易成本经济学上，就是通过契约视角对经济组织的节约目的进行研究，而非选择视角下的新古典资源配置范式。选择视角关注的是价格和产出、供给与需求，认为企业是基于技术条件将投入转化为产出的黑箱。

如果"通过自发性交换取得互利……是经济学中最基本的共识"（Buchanan，2001，p.29），那么我们（也应该，或者取而代之地）通过契约视角去研究经济组织。在研究经济组织方面，契约视角分为两个部分：事前激励安排和事后契约关系治理。其中，交易成本经济学主要关注事后契约关系的治理，这也反映了约翰·R.康芒斯称为经济组织问题的重塑精神。用他的话说："基本的行为单位……本身必定包含三个原则，即冲突、相关性和秩序，这一基本单位就是交易"（Commons，1932，p.4）。

尽管康芒斯后来建议"经济学理论应当以交易本身、交易规则、组织问题以及组织行为……稳定化（的方式）作为中心问题"（Commons，1950，p.21），康芒斯和他的追随者仍然与实现这些新思想的相关组织理论擦肩而过。这也许是因为当时交易成本的概念尚未产生，而组织理论还处于起步的阶段。不管怎样，交易成本经济学相信并且致力于实施康芒斯理论的两个部分：交易是基本的分析单位；治理的目的和作用就是注入秩序，从而缓解冲突，并实现互利。这是一个常见的主题。此外，交易成本经济学的操作化，关键就在于交易成本是一个比较形式的概念。如果两种可替代的治理模式具有高昂且无法区别的交易成本，这种操作就难以实施。在后面的第 3.4 节会谈到，交易成本的差异来自节约行为。

交易成本经济学所使用的经济组织逻辑与正统经济学不同。较之正统经济学的方法，它在更加微观的层面分析经济组织。交易成本经济学以交易为中心，关注交易的不同属性，而不是以商品和服务为中心。并且，交易成本经济学认为企业不是黑箱，而是一种治理结构，可以用来与其他模式或组织进行比较，每一种模式都有鲜明的特点。阿罗（Arrow，1987，p.374）曾说过：

> ……新制度经济学运动（交易成本经济学就是其中的一部分）……并不主要是对传统的经济学问题（资源配置和使用程度）进行解答。这个运动其实回答了一些新的问题，如为什么经济组织没有以其他不同的方式出现……它也带来了更尖锐和更加微观的"纳米经济学"*（nanoeconomics）……推理。

尽管很多经济学家都不愿使用微观分析法，而更倾向于研究他们所认为的"制高点"（high ground），但是如果采用教科书的推理不能为旧问题提供满意的答案，并且/或者提出揭示核心内容的新问题，尤其是那些带有公共政策意义的问题**，那么，一个基本的后果就是，伴随"制高点"而来的将是高昂的成本。

3.3 让其合理

"让其合理"这一原则和前面两个原则会有一些冲突。当合理性和简单、易于数学处理这两点产生矛盾时，该如何处理？

根据我之前提到的多元主义精神，不同的经济学家将会有不同的方式。对我而言，我仅仅观察到，交易成本经济学在以下四个方面给出了合理性：（1）人类的认知能力和自利属性分别被称为有限理性和机会主义①；（2）针对关键经济组织的跨期规律，有了明确解释（根本性转变

---

* 对纳米经济学的一般理解是，更微观化研究单个交易的经济理论，同后文中的"微分析"。——编译者注

** 比如反垄断政策的问题。——编译者注

① 这些会在后面第 4 节谈到。

是其一，官僚主义是其二）①；（3）承认法律在约束契约上的局限性（契约的执行主要依赖于私人秩序）；（4）正如在第4节会谈到的，交易成本经济学要求经济组织的每个简单模型都具有可扩展性，以此来接近真实世界的组织（如现代公司）。

3.4 预测与实证检验

一些社会学家对预测不屑一顾，显然这是因为他们认为预测很简单。大家都知道，"用统计学说谎很容易"，那么实证检验有什么用途？我的经验和他们不一样：预测有严苛的标准，实证也绝非易事。

经理自主权理论（managerial discretion theory）和交易成本经济学之间的区别可以用来解释。自由裁量行为经济学（economics of discretionary behavior，Williamson，1964，1970）反对让大企业的经理们都致力于将收益最大化作为标准假设，并预言：管理型企业和新古典企业对环境条件的变化（如不利的和有利的）以及一次性征税具有不同的反应，却很难给出令人信服的依据，证据也只有间接的。最后，没有经济学家被该理论说服，新古典企业理论的地位丝毫没有被撼动。

罗纳德·科斯1937年在著名的《企业的性质》（The Nature of the Firm）一文中指出了新古典经济学一直以来存在一个逻辑上的缺陷，并将其称为"经济理论中缺失的部分"（gap in economic theory）。于是，鉴于新古典理论认为经济组织的活动运行于既有的企业与市场间，科斯认为企业和市场应当被视为经济组织活动的两种可替代模式，使用哪种模式（生产还是购买决策）要视具体的交易而定，而且是能进行推导的（Coase，1937，p.389）。很多经济学家也都认为这一疏忽需要被修正，然而35年后，这篇文章被"多被引用而极少应用"（Coase，1972，p.63），其原因就在于缺乏可操作性。就像在其他地方一样，我们需要用理论击败另一个理论（Kuhn，1970，p.77）。

零交易成本要让位给正的交易成本。套套逻辑式的交易成本推理也要被阐释交易以何种治理模式进行组织以及为何有这样的组织的有预测

---

① 要了解更详尽的内容，请参见威廉姆森（Williamson，1985，第2章，第6章）

性的理论所取代。确定并说明交易和治理的关键微观分析属性至关重要。乔恩·埃尔斯特（Jon Elster）说过："社会学的解释必须围绕着某些（局部）机制展开，而不是（一般性）理论"（Elster，1994，p. 75），注意力不应集中在通常的经济组织上，而应该特别地放在中间产品市场交易上。

有意思的是，纵向一体化既是交易成本经济学的首要问题，又为其提供了一种分析范式，这种范式将各种契约现象理解为节约交易成本或变相节约交易成本的手段。①对交易资产属性和纵向一体化二者之间关系的实证检验开始于 20 世纪 80 年代（Monteverde and Teece，1982；Masten，1984），并且一直持续和不断发展，成为"在过去 25 年里，（实证）产业组织研究中最成功的故事之一"（Whinston，2001，p. 185）。除纵向一体化外，截至 2005 年，实证的交易成本文章已发表了超过 900 篇（Macher and Richman，2006），并且覆盖了契约现象的广阔领域（Macher and Richman，2006，p. 37）。

此外，交易成本经济学不仅被应用于商科和经济学领域，也被应用于法学、组织理论和政治学等相邻的社会科学。诚然，交易成本已经成为经济学内部和其他更广阔领域的"统一语言"。而这一切的发生，离不开在更微观分析层面的组织逻辑、对预测满意度的执着追求，以及随后的实证研究。

4. 补充思考

尽管相比于我在这里要介绍的四个方面的补充思考，实用主义方法论的四个基本原则的运用更基本和普遍，但我仍然认为关于经济组织的所有契约理论都应该从如下几个方面去考察：行为人所具有的关键属性；分析单位；扩展简单模型以接近所关心的现象；可修复性。

行为人。值得称道的是，经济学家大都对他们的理论产生影响所依赖的机制给予细致的关注，但是，实现这些机制的行为人特征却没有得到足够关注。显然，他们只需要将行为人属性定义成"像理论想要求的那样"。

这样说未免有些随意，但是借助简单和预测/检验的原则后，或许

---

① 有区别的匹配假说的首要含义是：不同的交易拥有不同的交易属性，它们和治理结构保持一致。治理结构不同，成本和竞争力就不一样，因此能够降低交易成本。

就变得合理了。一个"更真实"的理论会更复杂，而且不易驾驭，那么就让预测和实证检验来为假设代言吧。然而，我们从很多不重视预测/实证检验的潜在理论中能获得什么？揭示关于行为人的隐含假设当然没什么坏处。的确，若像赫伯特·西蒙所说的，"在设定我们的研究议程并形成自己的研究方法的过程中，没有什么比我们对所研究的人类行为本质的看法更具基础性"（Simon，1985，p. 303），那么，了解这些隐含假设是有用的。特别地，与研究契约有关的就是，归因于行为人的认知能力和自利属性。[1]

在契约这个问题上，认知能力和自利属性具有相互影响的关系（Williamson，1985，pp. 30-32，pp. 43-63）。当我们假设行为人认识能力很强（如完全理性）时，对因机会主义而产生违约的关注就被掩盖了；但同样，如果假设行为人有善意行为和/或可信任，则考虑偶然意外情形和因此开展事前计划的需求也会极大降低。

举个例子，如果行为人具备签订完全契约的认知能力，我们就处在一个阿罗-德布鲁型世界，在这样的世界里，契约随处可见，也就不需要组织来进行协调和控制了。相反，如果德鲁·弗登伯格、本·霍姆斯特罗姆和保罗·米尔格罗姆（Drew Fudenberg, Bengt Holmstrom, and Paul Milgrom，1990）提出的六个假设成立，那么在这个世界上，通过连续的短期契约就可以实现最优的长期契约。[2] 相比于第一个例子，第二个例子中包含的理性程度更低一些，但是对于二者的分析是相同的：都弱化了（没有考虑）机会主义引起的风险。如果为了便于分析而做出这样的隐含认知假设（这就掩盖了关键问题），对这样的假设就应予以明确。

交易成本经济学从两个方面描述认知和自利。具体来说，认知将有限理性和可能的远见相结合；而自利则融合了善意行为和机会主义。因

---

① 值得注意的是，很多看起来不符合契约性质的现象，通常都可以用契约的条款对它进行重塑。科斯提出的外部性问题重塑（Coase，1960）是较早的一个例子。

② 弗登伯格等做出的猜想越是具有争议，就越能够消除信息不对称的问题，这是通过假设第三方（当事人、代理人和仲裁者）能零成本获取公共结果的信息，以及关于技术和费用偏好的共同知识来实现的。这些假设的成立需要很强的（但是未经检验的）有限认知能力的支撑。

此，所有复杂契约都不可避免地是不完全的（因为有限理性），然而行为人被认为能够预测未来、识别风险，以及在事前的契约设计中把事后的实施考虑在内（原因在于可能的远见）。同时，大多数行为人会做自己承诺的事情，有些行为人在大多数时候还会做得更多（善意行为）。然而，利益足够大的极端情况，就会诱发违约和/或重新谈判（正是机会主义的表现）。

有限理性加上状态依存下的机会主义，使得完全按契约行事的世界发生了翻天覆地的变化：（1）所有复杂的契约都不可避免地变得不完全了（由于有限理性）；（2）契约风险无处不在（由于机会主义）。然而，关于可能的远见假设让我们松了口气，因为不完全契约的缔约双方将会做出事前（为了节约成本）可信承诺——极端的例子就是对这两个阶段的统一化（纵向一体化）。

分析单位。并非所有经济组织理论都会为其所做的研究确定分析单位，但是有些理论会，"角色"（role）、"决策前提"（decision premise）和"程序"（routine）被不同程度推荐。企业行为理论和演化经济学（evolutionary economics）采用的分析单位是程序，而交易成本经济学则将交易作为分析单位。

然而，仅仅确定分析单位是远远不够的。界定区分不同分析单位（交易）的关键维度对交易成本经济学而言更是至关重要。这反过来又依赖于行为人在认知和自利方面的描述。在对交易成本经济学所依赖的人类行为进行描述后，交易的关键属性就在于：（1）资产专用性（是一种适应不良风险导致的双边依赖的度量）；（2）不确定性（交易受到的或大或小的干扰）；（3）交易重复发生的频率，这个频率对声誉效应（市场上）和私人秩序机制（企业内部）都存在影响。[1]

---

[1] 治理是一种手段，通过这个手段可以向企业中注入秩序、缓和冲突并实现互利，这是交易成本经济学的关键命题。治理的其他模式——市场制、混合制和层级制——被认为是造成适应性优势和劣势的分立结构的综合表现。激励强度、行政控制以及契约法制度是描述不同治理模式的重要指标。有意思的是，在这三个指标中，市场制和层级制是两极模型，因为在市场制下存在很强的激励、弱行政控制和一套契约法制度，而在层级制下存在弱激励、强行政控制，内部矛盾是通过自制法来解决的。有区别的匹配假说提供了交易和治理结构之间可预测的联系（具体见前注）。

如果缺少了维度化（dimensionalization），潜在的分析单位就会缺乏预测性，而诉诸模糊分析单位的方法往往导致蒙昧的结果。[1]

扩展。索洛观察到"现实生活的极度复杂性……使得我们有必要将模型简单化"（Solow，2001，p.111）。一个简单模型的目的是抓住本质，从而解释至今让人困惑的现象，并做出可以接受实证检验的预测。但简单的模型也可以通过扩展来"检验"。通过重复应用简单模型的基本机制，是否能够清晰解释所研究的现象？[2]

也许是出于扩展无法实现的考虑，对扩展的检验常常被忽视；有时，可能因认为其太过容易，扩展检验也被忽视。詹森和麦克林（Jensen and Meckling，1976）颇具影响力的《企业理论：管理行为、代理成本和资本结构》（Theory of the Firm：Managerial Behavior, Agency Costs, and Capital Structure）一文算是个例外。作者设计了一个简化的机制，在这个机制里企业家（100%的所有者与经理人）将公司的部分股权售出，导致了激励制度的有效性降低，并产生有关监督和契约可靠性的问题。不过，作者真正感兴趣的不是上述创业型企业，而是"经理人拥有很少或没有股权的现代公司"（Meckling，1976，p.365）。后者的研究已经超出了该论文讨论的范围，但是作者仍表达了"我们的方法可以用来研究这个话题……这些（契约的）问题仍有待详细的分析，我们将在之后的论文中解决"（Meckling，1976，p.356）的观点。作者意识到了扩展的必要性，这一点很值得称道。

遗憾的是，詹森和麦克林并没有写出后续的论文，但故事并未就此

---

① 尽管将决策前提作为分析单位（Simon，1957）已经对于分析人类行为问题很有帮助（Newell and Simon，1972），但并没有对组织经济学产生同样的作用。在经济学演化中将惯例界定为分析单位似乎很重要，然而"惯例（在经济演化理论中）扮演的角色就像基因在生物进化理论中扮演的角色一样"（Nelson and Winter，1982，p.14），只是不同于惯例的20个关键属性还没有被界定。杰弗里·霍奇森（Geoffrey Hodgson）给惯例下了定义："惯例是指一群以某种方式组织起来的不同人采用特定行为方式的倾向，包括对暗示的连续反应"（Hodgson，2006，p.208）。这个定义很有启发性，但也需要维度化。

② 关于扩展问题的其他例子还包括托马斯·谢林（Thomas Schelling）提出的"在自生环境中对分隔演化的处理"（Schelling，1978，pp.147-155）。这些众多的言论反映了投票的矛盾（Williamson and Williamson，1967），也体现了从项目融资到现代公司中复合型融资的转变（Williamson，1988）。

结束。他们提出的根本性挑战，在随后的岁月里，在金融经济学的研究议程中占据了突出地位（Tirole，2006）。特别值得注意的是，让·梯若尔所引用的投资者主义范式（investor activism paradigm），这一范式采用了三层等级制（three-tier hierarchy）的形式："（1）代理人（企业家），（2）监督者（大型监管人），（3）委托人（其他投资者）。监督者的职责在于……减少委托人（分散的股东）和代理人（企业家）之间的信息不对称。委托人和代理人合谋的可能性，会将监督者置于险境"（Tirole，2006，p. 362）。在梯若尔所讨论的这些监管人的候选者中，最接近适用于所有权与经营权分离的现代公司的变体就是作为顺从董事会（compliant board of director）的监管者。

与现代公司相关的"扩展"也包括企业的团队生产理论（theory of the firm as team production，Alchian and Demsetz，1972）和企业的治理结构理论（theory of the firm as governance structure）。团队生产理论建立在技术不可分割性的条件之下，阿尔钦和德姆塞茨以人工装载货物的例子说明："两个人共同将沉重的货物抬入货车，仅观察每天的总重量不可能确定每个人的边际生产力"（Alchian and Demsetz，1972，p. 779）。相应地，每个成员并非按照（不可测度的）边际产出支付薪酬，对于这种通过合作（像团队一样）组织起来的情况，是以团队的形式支付薪酬，并且由一个老板对他们进行监督，以避免偷懒。这个例子很有启发性，但是技术不可分性能够扩展到解释现代公司吗？

一种可能性是，大公司是个不可分的整体，在这个整体中各种事情彼此联系，技术上不可分的条件贯穿于整个企业。另一种可能性是，如西蒙在《复杂性的结构》（*The Architecture of Complexity*，1962）中所阐述的，庞大的层级体系分解成了近似可分解的子系统——子系统之中的相互作用加强了，子系统之间的作用则变得薄弱。[1] 西蒙对社会、生物、物理和符号系统以及15个复杂性逻辑的研究，也支持这一命题，

---

[1] "不同子系统的松散结合……（意味着）每个子系统独立存在于其他子系统的运作时间之外。如果子系统B仅仅因为某个物质而依赖于子系统A，那么子系统B可以通过维持缓冲空间而独立于子系统A的生产波动，不受其影响"（Simon，1977，p. 255）。

即可分解性（decomposability）"是复杂性结构所采用的一种核心构造方案（central structural scheme）"（Simon，1962，p. 468）。

阿尔钦和德姆塞茨关于团队生产的模型并没有考虑可分解性。因此，企业的边界由技术不可分的活动集所决定，在这些活动中，连续、实时的协调至关重要。人工装载货物如此，大如交响乐团的团队合奏也是如此。然而，因为"团队生产"没有办法解释我们在现代企业里看到的一系列技术上可分阶段的一体化现象，企业的团队生产理论也就没有扩展至现代企业的构成。

交易成本经济学的扩展又是如何进行的？通过连续应用适用于单个交易的生产还是购买决策，能够扩展到描述一个多阶段生产的企业吗？注意，交易成本经济学认为，交易发生在技术上可分的边界。这也是"企业的边界"问题的另一种表述（Williamson，1985，pp. 96-98）。一旦确定了技术上的"核心"①，注意力就集中在一系列可分的生产还是购买决策上了——前向、后向或者横向——以确定哪些应该外包、哪些应该纳入企业之内进行。所以说，企业就是一个用以决定生产（而不是购买）的交易集——这样做就实施了扩展，至少是一个良好的开端（Williamson，1985，pp. 96-98）。

更一般地，所有关于企业的理论都应该通过扩展关系来检验。没有通过扩展关系检验的现代企业理论所推导出的公共政策建议，都应该谨慎对待。

可修复性。印度经济学家阿维纳什·迪克西特（Avinash Dixit）对《经济政策的制定》（*The Making of Economic Policy*，1996）一书进行了研究。他先讨论了标准的公共政策分析，这个分析认为政府应该将社会福利最大化。他认为，政策的制定被看作"纯粹的技术问题"。其中隐含的假设是，一旦能够将社会福利最大化，或者提高社会福利的政策被发现或被推荐，就会被执行，我们就会得到想要的效果（Dixit，1996，pp. 8-9）。这就相当于黑箱福利经济学，在这个理论中，交易成本被认为是零。

---

① 技术的核心通常在于对区位特性的考虑。在连续可分割阶段之间实现热经济（thermal economics）分析就是一个例子（Williamson，1996，pp. 15-16）。

迪克西特（包括我自己）认为，应用福利经济学，就像企业理论一样，应该打开黑箱，研究箱子里面机制的运作方式（Dixit，1996，p.9）。我前面提到的可修复性标准就是希望重塑研究的视角。

可修复性准则认为，既然（1）找不到一个比现有组织模式更可行的组织形式，（2）并能实现预期的净收益，（3）那么现有的组织形式就应被看作有效的。第一个条件把假设的理想状况从相对比较中去掉了。第二个条件考虑到了政治（现实政治）和经济（建设成本）的实施阻碍。因此，可修复性准则不接受基于实际（被认为是错误的）模式和假设模式相比较之下的效率低下的说法，并要求公共政策分析者更尊重政治程序。①

罗伯特·米歇尔斯（Robert Michels）在20世纪早期发现，我们先要理解与理想相偏离的现实，现实之一是系统中以民主为目的而出现的寡头政治。如果我们要有效地解决这个问题，"只有平静而坦诚地分析民主制中的寡头政治的危险才能将这些危险最小化，尽管它们不可能被完全避免"（Michels，[1915] 1962，p.370）。寡头政治只是路径依赖结果的一个体现，如果想减少危害，就需要用冷静和坦诚的方式对它们进行检验。

5. 结论

我的一个同事说这里阐述的实用主义方法论的四个原则是毫无争议的。我很高兴看到其他原则的出现。然而，实用主义方法论最重要的是实践。理论上的一致性和实际上的背离司空见惯。如果逻辑一致性（理论上）的要求产生了（实践上的）不可行性，应用经济学家就会质疑理论是否足够成熟从而得以在实际中运用了，这也是很容易被理解的。②

---

① 正如乔治·斯蒂格勒（George Stigler）所说的那样，通过具体实践表现出来的"政府"目标（值得被尊重）比法学或者经济学教授发表的言论更有权威性"（Stigler，1992，p.459）。

② 也许对于交易成本经济学最强劲的挑战是以超越文字和图表的形式将梳理模型的"完整形式"囊括其中的逻辑。尽管最近有人致力于构造这样的模型了（Bajari and Tadelis，2001；Levin and Tadelis，2005；Tadelis and Williamson，2007），模型完全形式化仍然是一项正在进行的工作。交易成本经济学面临的其他挑战包括：（1）高科技企业的早期发展（在这些企业里，即时反应非常重要）；（2）制度环境方面的差异［在这一点上积极政治理论（Spiller and Tommasi，2007）和跨国投资是相关的（Oxley，1999；Henisz and Zelner，2005）］；（3）在"人力资本"企业（律师事务所、咨询公司）和非商业组织（Hansmann，1996；Williamson，1999）中的运用；（4）关于企业治理的永恒谜团（Williamson，2007）。与实证检验相关的内生性问题也被人提出来了（Masten and Saussier，2000）。尽管有人对上述挑战做出了回应，还需要更多的人提出应对挑战的方法，而且未来还会有新的挑战出现。

我认为，交易成本经济学对应了实用主义方法论的四个原则。它进一步增加了四个补充思考，这几个思考对于经济组织的契约理论都是有用的。交易成本经济学和实用主义方法论都还在不断的发展之中。

参考文献

Alchian，Armen and H. Demsetz. 1972. "Production，Information Costs，and Economic Organization." *American Economic Review*，62，December，pp. 777-795.

Arrow，Kenneth. 1987. "Reflections on the Essays." In *Arrow and the Foundations of the Theory of Economic Policy*，ed.，George Feiwel，pp. 727-734，New York：New York University Press.

Bajari，Patrick and Steven Tadelis. 2001. "Incentives Versus Transaction Costs：A Theory of Procurement Contracts." *RAND Journal of Economics*，2001，32（3），pp. 287-307.

Barnard，Chester. 1938. *The Functions of the Executive*. Cambridge：Harvard University Press (fifteenth printing，1962).

Blaug，Mark. 1997. "Ugly Currents in Modern Economics." unpublished manuscript.

Buchanan，James. 2001. "Game Theory，Mathematics，and Economics." *Journal of Economic Methodology*，8（March），pp. 27-32.

Coase，Ronald H. 1937. "The Nature of the Firm." *Economica*，N. S.，4，pp. 386-405. Reprinted in *The Nature of the Firm：Origins，Evolution，Development*，eds.，Oliver E. Williamson and Sidney Winter，pp. 18-33. New York：Oxford University Press.

Coase，Ronald H. 1972. "Industrial Organization：A Proposal for Research." In *Policy Issues and Research Opportunities in Industrial Organization*，ed.，V. R. Fuchs，pp. 59-73. New York：National Bureau of Economic Research.

Commons，John. 1932. "The Problem of Correlating Law，Economics，and Ethics." *Wisconsin Law Review*，8（3），pp. 3-26.

Commons, John. 1950. *The Economics of Collective Action*. Madison: University of Wisconsin Press.

Elster, John. 1994. "Arguing and Bargaining in Two Constituent Assemblies." Unpublished manuscript, remarks given at the University of California, Berkeley.

Friedman, Milton. 1953. *Essays in Positive Economics*. Chicago: University of Chicago Press.

Friedman, Milton. 1997. "Modern Macroeconomics and Its Evolution from a Monetarist Perspective." eds., Brian Snowdon and Howard Vane, *Journal of Economic Studies*, 24 (4), pp. 192-222.

Georgescu-Roegen, Nicholas. 1971. *The Entropy Law and Economic Process*. Cambridge, MA: Harvard University Press.

Hansmann, Henry. 1996. *The Ownership of Enterprise*. Cambridge, MA: Harvard University Press.

Hart, Oliver. 1995. *Firms, Contracts, and Financial Structure*. New York: Oxford University Press.

Hayek, Friedrich. 1945. "The Use of Knowledge in Society." *American Economic Review*, 35 (September), pp. 519-530.

Henisz, Witold J. and Bennet A. Zelner. 2005. "Legitimacy, Interest Group Pressures and Change in Emergent Institutions: The Case of Foreign Investors and Host Country Governments." *Academy of Management Review*, 30 (2), pp. 361-382.

Jensen, Michael and William Meckling. 1976. "Theory of the Firm: Managerial Behavior, Agency Costs, and Capital Structure." *Journal of Financial Economics*, 3 (October), pp. 305-360.

Knight, Frank H. 1941. "Review of Melville J. Herskovits''Economic Anthropology'." *Journal of Political Economy*, 49 (April), pp. 247-258.

Koopmans, Tjalling. 1957. *Three Essays on the State of Economic*

Science. New York: McGraw Hill Book Company.

Kreps, David. 1999. "Markets and Hierarchies and (Mathematical) Economic Theory. " In *Firms, Markets, and Hierarchies*, eds. , Glenn Carroll and David Teece, New York: Oxford University Press.

Kuhn, Thomas. 1970. *The Structure of Scientific Revolutions.* 2nd edn. Chicago: University of Chicago Press.

Levin, Jonathan and Steven Tadelis. 2005. "Contracting for Government Services: Theory and Evidence from U. S. Cities. " Unpublished manuscript, University of California, Berkeley.

Macher, Jeffrey and Barak Richman. 2006. "Transaction Cost Economics: An Assessment of Empirical Research in the Social Sciences. " Unpublished manuscript, Georgetown University.

March, James G. and Herbert A. Simon. 1958. *Organizations.* New York: John Wiley & Sons.

Masten, Scott. 1984. "The Organization of Production: Evidence from the Aerospace Industry. " *Journal of Law and Economics*, 27 (October), pp. 403-418.

Masten, Scott and Stephane Saussier. 2000. "Econometrics of Contracts: An Assessment of Developments in the Empirical Literature on Contracting. " *Revue D'Economie Industrielle*, 92, pp. 215-236.

Michels, R. [1915] 1962. *Political Parties.* New York: Collier Books.

Monteverde, Kirk, and David Teece. 1982. "Supplier Switching Costs and Vertical Integration in the Automobile Industry. " *Bell Journal of Economics*, 13, pp. 206-213.

Newell, Allen. 1990. *Unified Theories of Cognition.* Cambridge, MA: Harvard University Press.

Oxley, Joanne E. 1999. "Institutional Environment and the Mechanisms of Governance: The Impact of Intellectual Property Protection on the Structure of Inter-firm Alliances. " *Journal of Economic Behavior and Organization*, 38 (3).

Robinson, Stanley. 1968. "New York State Bar Association. " Antitrust Symposium, p. 29.

Schelling, Thomas. 1978. *Micromotives and Macrobehavior*. New York: Norton.

Selznick, Philip. 1966. *TVA and the Grass Roots*. Harper Torchbooks.

Simon, Herbert. 1957a. *Models of Man*. New York: John Wiley & Sons.

Simon, Herbert. 1957b. *Administrative Behavior*. New York: Macmillan, 2nd edn.

Simon, Herbert. 1962. "The Architecture of Complexity. " Proceedings of the American Philosophical Society, 106 (December), pp. 467-482.

Simon, Herbert. 1973. "Applying Information Technology to Organization Design. " *Public Administrative Review*, 33 (May June), pp. 268-278.

Solow, Robert. 1997. "How Did Economics Get That Way and What Way Did it Get?" Daedulus, 126 (1), pp. 39-58.

Solow, Robert. 2001. "A Native Informant Speaks. " *Journal of Economic Methodology*, 8 (March), pp. 111-112.

Spiller, Pablo and Mariano Tommasi. 2007. "The Institutional Foundations of Public Policy: The Case of Argentina. " forthcoming, Cambridge University Press.

Tadelis, Steven and Oliver E. Williamson. 2007. "Transaction Cost Economics. " Unpublished manuscript, University of California, Berkeley.

Whinston, Michael. 2001. "Assessing Property Rights and Transaction-Cost Theories of the Firm." *American Economic Review*, 91, pp. 184－199.

Whinston, Michael. 2003. "On the Transaction Cost Determinants of Vertical Integration." *Journal of Law, Economics and Organization*, 19 (1), pp. 1－23, 26.

Williamson, Oliver E. 1964. *The Economics of Discretionary Behavior: Managerial Objectives in a Theory of the Firm*. Englewood Cliffs, NJ: Prentice Hall.

Williamson, Oliver E. 1970. *Corporate Control and Business Behavior*. Englewood Cliffs, NJ: Prentice Hall.

Williamson, Oliver E. 1975. *Markets and Hierarchies: Analysis and Antitrust Implications*. New York: Free Press.

Williamson, Oliver E. 1985. *The Economic Institutions of Capitalism*. New York: Free Press.

Williamson, Oliver E. 1988. "Corporate Finance and Corporate Governance." *Journal of Finance*, 43 (July), pp. 567－591.

Williamson, Oliver E. 1991. "Comparative Economic Organization: The Analysis of Discrete Structural Alternatives." *Administrative Science Quarterly*, 36 (June), pp. 269－296.

Williamson, Oliver E. 1996. *The Mechanisms of Governance*. New York: Oxford University Press.

Williamson, Oliver E. 1999. "Public and Private Bureaucracies." *Journal of Law, Economics, and Organization*, 15 (1).

Williamson, Oliver E. 2007. "Corporate Boards of Directors: A Dual-Purpose (Efficiency) Perspective." Unpublished manuscript, University of California, Berkeley.

Williamson, Oliver E. and Thomas J. Sargent. 1967. "Social Choice: A Probabilistic Approach." *Economic Journal*, pp. 77, 797－813.

Wilson, Edward O. 1999. Consilience. New York: Alfred Knopf.

交易成本经济学：机理与展望*

  本文描述的交易成本经济学是两项当代经济学研究领域的产物。其一为新制度经济学；其二一直以来被描述为"新组织经济学"（new economics of organization，Moe，1984，1990）。上述两个经济学领域都在概念上经历过一次巨大变革：从将企业视为生产单位（技术建构）的理论转变为将企业视为治理结构（组织建构）的理论。

  对上述两个领域的研究，从 20 世纪 70 年代开始渐渐归于一致，并在此后取得了巨大的进展。其中，组织经济学更偏向理论，且与公共政策的课题关系更为紧密（就传统意义而言，公共政策课题与产业组织关系更近）；而新制度经济学则涉及更多其他学科的知识，且在相关的社会科学领域中有所应用。

  尽管交易成本经济学的研究范围更宽广——任何一个契约问题（或可以用契约形式代表的问题）都可以通过交易成本经济学的视角得到有效解决——但它也并非无所不能。而且，即便是在交易成本经济学的研究范围之内，它也只在某些领域有更大的应用价值。因此，交易成本经济学与企业及市场组织理论相关的其他研究领域（部分为竞争关系，部

  * 本文曾于 1997 年 5 月 13 日从在阿姆斯特丹的亨利普曼讲坛上进行的演讲的现场听众评论中受益匪浅。此外，本文也从之前在多伦多大学的演讲，以及维托尔德·赫尼兹（Witold Henisz）的评论中获益良多。

  原文"Transaction Cost Economics：How It Works；Where It Is Headed"，载于 *De Economist*，1998，146（1），pp. 23–58。

分为互补关系）处于类似的地位。乔恩·埃尔斯特（Jon Elster，1994，p. 74）的名言"对社会科学的解释应围绕（局部的）机制而非（一般性）理论进行"，也正是交易成本经济学认同的观点。

本文第 1 节将简单介绍新制度经济学；第 2 节将提出一系列经济组织理论应解决的问题；第 3 节将讨论交易成本经济学这项研究工程的实施；第 4 节将讨论交易成本经济学的一些背景概念，其中有些至今仍处于争论中；第 5 节将简单介绍交易成本经济学现有及潜在的应用；第 6 节将做出总结。

1. 新制度经济学

1.1 综述

新制度经济学包含两个概念。其一为制度环境（博弈规则），最早见于罗纳德·科斯（Ronald Coase）于 1960 年发表的论文《社会成本的问题》（The Problem of Social Cost）；其二为治理制度（博弈的开展），最早见于科斯于 1937 年发表的论文《企业的性质》（The Nature of the Firm）。上述两个概念于 20 世纪 70 年代初见雏形，开始为各经济学家引用（Davis and North，1971；Williamson，1971；Alchian and Demsetz，1972），并在接下来的十年间渐渐发展成熟（North，1981；Williamson，1975，1976，1979；Klein，Crawford，and Alchian，1978）。20 世纪 80 年代之后，新制度经济学有了突飞猛进的发展，与之相关的两个诺贝尔经济学奖便是其影响力的最佳见证——一个由罗纳德·科斯于 1991 年获得，另一个则由道格拉斯·诺斯（Douglass North）于 1994 年获得。

除了归功于科斯在学术上做出的重大贡献外，新制度经济学的两方面概念也在中期发展中获益良多。其中，就制度环境而言，经济学家对计量经济史发展成型期间的经济史做出的中期研究，对其发展起到了尤其重要的作用（Fogel and Engerman，1971，1974）。当然，经济学家对产权（Demsetz，1969）以及路径依赖理论（David，1985；Arthur，1989）做出的研究也是非常重要的。而就治理制度的研究而言，起到助推作用的则是大量研究市场失灵的文献〔正如肯尼斯·阿罗在其发表于 1969 年的论文《经济活动的组织：论选择市场分配或非市场分配的相关问题》（The Organization of Economic Activity：Issues Pertinent to the Choice of Market Versus Nonmarket Allocation）中做出的总结]，与组织理论相关的研究 [尤指在卡内基梅隆大学完成的研究（March and Simon，1958；Cyert and March，1963)]，以及与商业史相关的研究（Chandler，1962)。[①]

在卡内基梅隆大学完成的研究与传统经济学理论背道而驰，而且对组织理论造成了更为深远的影响，而非对经济学本身。除此研究之外，新组织经济学并没有显而易见的前身。相较之下，组织经济学（的发展。——编译者注）就有一次非常明显的早期运动。只是由于时运不济，运动最后以失败告终。

批判者们一直在抨击美国的传统制度经济学。由于传统制度经济学既不能也不愿提供一套具有竞争力的研究议程，其研究方法一直遭到传统经济学家的非议（Sigler，1983，p.70；Coase，1984，p.230；Matthews，1986，p.903)。传统制度经济学在知识层面与公共政策层面都与美国法律现实主义运动有许多共通的属性，而且传统制度经济学也和法律现实主义运动一样"作茧自缚"[②]。当然，上述两次运动的问题并非在于其针对传统经济体系与传统法律体系做出了不当的批判（因为传统体系总是需要听取有益的批判），而在于其没能遵循取代另一种理论体系必须遵循的准则，即必须推出一套积极有效的研究议程，而传统制度经济学和美国法律现实主义都忽略了这一点。

另外，仅制定一套大体的研究方法（如"对制度进行研究"）或是详细描述某种制度（如威斯康星的木材产业）（Hurst，1964）是不够的。重要的是研究的焦点，因此充满目的性的研究话题和分析单位的选择很重要。在为制度服务的众多目的之中，到底哪一个才是"主要目的"？一直以来，越过制度所关注的主题（如今几乎已是人人接受——尽管不总是如此）

---

① 正如后文所论述的那样，所有权经济学也与治理制度相关。

② 这也是约翰·亨利·施莱格尔（John Henry Schlegel）描述美国法律现实主义的消亡的方式（Schlegel，1979，p.459)。如果想参考老派制度经济学的观点，请参见沃伦·J. 塞缪尔斯（Warren J. Samuels）等的文集第三卷《制度经济学》(1988)。

来证明对制度的分析是可以接受的，都是一个巨大的挑战。承接这个挑战并做出回应，则是新制度经济学与其前辈最大的区别所在（Matthews，1986，p. 903）。阿罗对此的相关看法如下（Arrow，1987，p. 734）：

> 为何赫伯特·西蒙（Herbert Simon）的研究对我们如此意义深远，却只是造成了如此微小的直接影响？为何传统制度学派坐拥索尔斯坦·凡勃伦（Thorstein Veblen）、J. R. 康芒斯（J. R. Commons）以及 W. C. 米契尔（W. C. Mitchell）等一群有才华的分析家，却仍然遭受了惨痛的失败？（原因之一是）意义重大的专题分析更多了，尤其是与新制度经济学研究相关的分析。与此同时，新制度经济学的重点并非在于对资源分配与利用程度等传统经济学问题给出新的答案，而是在于解答新的问题——如为何经济制度会以现有方式而不是其他方式形成；它融入了经济史，且带来了空前犀利的（微分析）推理。

1.2　一个框架

图 5[①] 列出了社会分析的四个层次。其中，连接高层与低层的实线箭头表示高层对低层有所约束；而连接低层与高层的反向虚线箭头则表示反馈。虽说在这篇文章里，该系统在适当的时候是完全彼此关联的，但里面所记载的反馈却在很大程度上被忽略了。其中，新制度经济学的研究主要集中在第 2 层和第 3 层的社会行动上。

第 1 层为社会嵌入，也是社会准则、习俗、道德观念、传统等因素所在的层面。宗教也在这一层中扮演着重要角色。尽管已有一些经济史学家和社会学家对第 1 层展开了研究（Banfield，1958；Putnam，1993；Huntington，1996；Nee，1997），但其仍被大多数经济学家认为是无须赘言的一个层次。这一层的制度改变速度十分缓慢，通常以百年甚至千年为计，道格拉斯·诺斯对此曾提出过疑问："这些非正式的约束究竟为何会对经济的长期特性拥有如此普遍的影响？"（参见North，1991，p. 111。）本文将不会尝试解答这个令人费解的难题，但

---

① 此图并非详尽无遗。还可引入一个发展层，以追溯行为人早在更新世的起源［详见科斯麦德斯和图比（Cosmides and Tooby，1996）］。

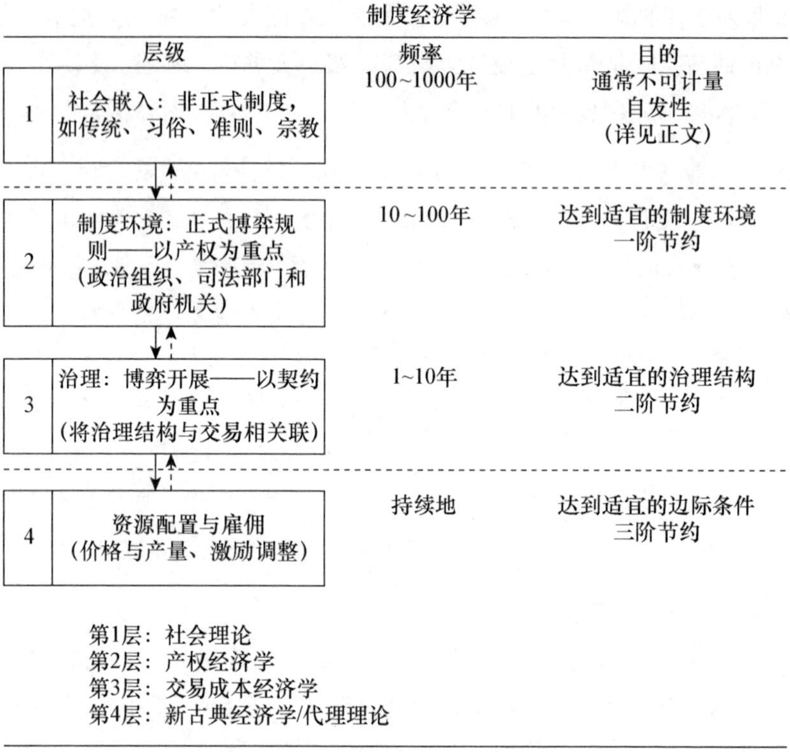

制度经济学

层级	频率	目的

图5 制度经济的分析层次

第1层：社会嵌入：非正式制度，如传统、习俗、准则、宗教 频率100~1000年 目的通常不可计量 自发性（详见正文）

第2层：制度环境：正式博弈规则——以产权为重点（政治组织、司法部门和政府机关）频率10~100年 目的达到适宜的制度环境 一阶节约

第3层：治理：博弈开展——以契约为重点（将治理结构与交易相关联）频率1~10年 目的达到适宜的治理结构 二阶节约

第4层：资源配置与雇佣（价格与产量、激励调整）持续地 目的达到适宜的边际条件 三阶节约

第1层：社会理论
第2层：产权经济学
第3层：交易成本经济学
第4层：新古典经济学/代理理论

据我推测，它们这种自发的特性——而非一种刻意的人为选择——一定是造成这种现象的原因之一。话虽如此，应运而生的种种制度却对社会运行的模式产生了持久的影响。更有些社会将其视为一种威胁，并采取措施保护自己不受"外来价值观"的侵扰。[①]

第2层就是我前面所指的制度环境。此处提到的结构为政治的产物，且提供了用于组织经济活动的博弈规则。政治组织、司法部门和政府机关都属于这一层次。而有关产权的法律——包括产权的定义和执行——

① 值得注意的是，马克·格兰诺维特（Mark Granovetter）曾提到过的"嵌入条件"（condition of embeddedness）更具有微观分析的意义，更具有持续性，也更贴近契约关系。格兰诺维特的目的是了解"信任的问题与经济生活的秩序"（Granovetter，1985，p.493），而与之相关的文化则是"一个持续的过程，在各方的活动交流中不断塑造与重组"（Granovetter，1985，p.486）。

就是这一层的典型。

诺斯（North，1991，p. 97）认为，制度是"构成政治、经济、社会互动的人为限制，而这些限制既有非正式限制（如约束、禁忌、习俗、传统以及行为准则），又有正式法规（如体制、法律、产权）"。他还提出："制度是以规则和条例为形式，对行为做出的一套限制；而且，最终会成为一套道德、伦理、行为的标准，定义出上述事项的底线，并对制定与执行规则和条例的方式进行限制"（North，1984，p. 8）。在这种前提下，非正式制度位于第 1 层，而正式法规——政治组织、司法部门和政府机关——则位于第 2 层。一阶节约——优化制度环境——也位于此层次。这样的选择对一个经济体的经济生产力有着至关重要的作用（Rosenberg and Birdzell，1986；Coase，1992；North，1994；Levy and Spiller，1994；Olson，1996；Henisz，1996），但它发生的渐变是很难观测的。大规模的不满——如内战（光荣革命，North and Weingast，1989）、驻军（在第二次世界大战之后）、感知的威胁（明治维新）、解体（东欧和苏联）、军事政变（智利）或金融危机（新西兰）——却有可能会在现存的稳定状态下撕出一道骇人的裂痕，从而打开可能引发剧烈变革的机会之窗。但这种"关键时刻"只是极其罕见的例外情况，而绝非博弈规则的一部分。否则，规则的巨变就会以数十年或数百年为频率而发生。

在第 2 层分析涉及的诸多因素中，对产权经济学的分析占据了相当大的比重。"现代制度经济学关注的是权利制度，以及适用于管理产权获取或转移的准则系统"（Furubotn and Richter，1991，p. 3）。在产权的诸多类别中（Bromley，1989），所有权——包括使用资产的权利，占用资产回报的权利，以及改变资产形式、实质或位置的权利（Furubotn and Richter，1991，p. 6）——是最为重要的。

对产权经济学的研究兴起于 20 世纪 60 年代，并在污染研究、分配电磁波频段、应对侵权诉讼、理解兵役制度、界定北美印第安人的狩猎权以及理解现代企业（Demsetz，1967）等领域有实际的应用。关于产权经济学有一个公认的前提："如果不在资源中建立产权，且强制要求资源的使用者向资源的拥有者付费，私有化的系统（private-enterprise system）就根本无法正常运转。此外，如果没有一个法律系统来定义产权并仲裁争端，混沌（chaos）将不会消失，政府也将不复存在"（Coase，1959，p. 12）。正因如此，产权才被认为是解开许多经济组织谜题的关键所在，同时也是实现优秀经济业绩的手段。

显而易见，对财产的进一步研究需要结合对契约的研究，但那却是在另一个十年之后的事情了。正如艾里克·菲鲁伯顿（Eirik Furubotn）和鲁道夫·里克特（Rudolf Richter）所说："实际上，人们相信……在司法系统的运转下，所有契约都会得到完美无瑕、毫无成本的保障"（Richter，1991，pp. 7-8）。以事后诸葛的眼光看来，这显然是痴人说梦。可也正是因为如此，管理契约关系的相关法规才会应运而生。

第 3 层是治理制度所在的层级。尽管财产的重要性毋庸置疑，但一个能够强制执行契约的完美运行的法律系统，却非真实存在的。相对于虚构一个零成本的法庭秩序，代价高昂的法庭强制执行手段和私人秩序之间的比较才是真正需要的，而许多相关的治理行为正在向私人秩序方向演进。

交易成本经济学在第 3 层发挥作用。如果把在第 2 层中出现过的博弈规则作为转换参数，则第 3 层讨论的就是博弈开展的问题。其他备选的组织模式被视为不同属性的综合体，并在分立结构上有所不同。二阶节约可被用于使得治理结构——市场制、混合制、企业制、官僚制——适宜。而要让类似决策摆上台面供人参考，则通常需要数年至数十年的时间。

第 4 层讨论的问题从分立结构转移到了边际分析。这一层是新古典经济学和其后的代理理论所关注的焦点。新古典经济学的决策变量是价格和产量；而代理理论关注的则是在面对风险规避（Holmstrom，1979）以及/或者多任务因素（Holmstrom and Milgrom，1991）或者多主元问题（Dixit，1996）时如何进行有效的激励调整。三阶节约的重点是使得边际条件正确，因此也最为盛行。价格和产量将根据市场条件的变化做出（或多或少的）连续调整。[①]

本文的剩余篇幅将聚焦于对第 3 层治理的分立结构的分析。

[①] 此外，在一个综合（阿罗-德布鲁，Arrow-Debreu）契约系统中，决策从一开始便得到了坚决的贯彻。

2. 问题是什么

交易成本经济学如何起作用？它需要好点子：比如比较经济组织（Coase，1937）、私人秩序（Llewellyn，1931）、经济组织的中心问题——适应（Barnard，1938；Hayek，1945）、人类的行为特征（Simon，1985），以及制度环境与治理制度的区别（Davis and North，1971）。值得注意的是，前文提到的许多好点子在 20 世纪 30 年代便已发源，而这也是社会科学空前繁荣的时期。

虽说本节中所列举出的问题并非面面俱到，但我认为，它们是每个经济组织理论都必须回答的问题。而对于交易成本经济学更倾向于涉及什么样的问题，我的回应则是：我们应该摒弃哪些问题？又应该增加哪些问题？①

2.1 有哪些有趣的现象

科斯曾经提出过这样一个问题："在已有各种市场的前提下，为何还会有企业的存在？（Coase，1937，pp. 387-388）"而"为何有这么多种组织？"（Hannan and Freeman，1977，p. 936）则是这一问题的变体。这个问题超越了市场与企业的二分原则，覆盖范围更广泛，拓展到了混合契约、管制、非营利、公共机关等其他领域，并同时涉及其他变体问题（尤其是企业内部的层级演变）。

为了回答这个问题，我们需要另辟蹊径。而研究本源问题，如果它的确存在，显然是一个不错的起点。而纵向一体化——或者更通俗地说，生产还是购买决策（Coase，1937；Williamson，1971，1979，1991；Klein，Crawford and Alchian，1978；Grossman and Hart，1986；Baker，Gibbons and Murphy，1997）——正是交易成本经济学的本源问题。

与其他有意思的契约问题相比——对于劳动、消费者、资本——中间产品市场中的企业之间的契约有两大优势：契约双方可彼此认定为风

---

① 乔治·斯蒂格勒评论道："我在《新帕尔格雷夫经济学大辞典》中就'纵向一体化'词条所做的解释'对其他理论提出了大量的疑问'，但'对他自己最爱的变量理论、交易成本以及资产专用性却几乎毫无疑问'"（Stigler，1988，p. 1735）。事实上，我所讨论的问题是对称的，我对所有纵向一体化理论提出了一系列共同的问题，那些提出其他问题的人应该将其明确出来。

险中性；且大致可认为是在平等的前提下进行交易。此外，契约双方均有丰富的商业经验，还拥有（或可聘请）专业的法律、技术、管理、金融专家。因此，契约双方可将重点放在交易特点与其他备选治理模式的特点上，而避免将焦点向不同的风险规避和契约双方的能力差异（当契约双方是企业与经验不足的顾客时，能力差异便有可能出现）偏斜。正因如此，发生在中间产品市场的交易更为简单，双方也因此更容易以诚相待。如果经济组织总是围绕一些关键问题的变种问题运作，那么让工作由简入难、循序渐进无疑是更有优势的。

2.2　如何描述代理人

虽说经济学家经常将容易处理的特性（如超理性）赋予代理人，但赫伯特·西蒙（Herbert Simon，1985，p. 303）却劝诫社会科学家要慎重对待这个做法："在设定我们的研究议程并形成自己的研究方法的过程中，没有什么比我们对所研究的人类行为本质的看法更具基础性。"之后，西蒙提到了两个关键属性：行为人的认知能力和自利属性。有限理性——意图理性地行动却只能实现有限度的理性——便是西蒙所提到的认知条件，而"动机的脆弱性"（frailties of motive）则是对自利条件的诠释（Simon，1985，p. 303）。

交易成本经济学认同有限理性，并坚信有限理性对经济组织的重要性在于"所有复杂的契约不可避免地都是不完全的"这一事实。[①] 同时，交易成本经济学也未将自利行为描述为动机的脆弱性，而是将其看作机会主义，因此使得契约更具复杂性。事实上，不仅是不完全契约中有错误和遗漏（由于有限理性的缘故），只要没有可信的承诺给予支持，就连单的口头承诺也往往无法兑现，其原因也是来自机会主义。

尽管机会主义不算一个讨人喜欢的特性，但它却是组织逻辑的基础——而且，不考虑机会主义，我们就无法基于契约视角来解释为什么层级制会取代市场制（Williamson，1985，pp. 30-32，pp. 64-67）。因此，尽管我们没有必要假定所有人类代理人都是完全机会主义的，或

---

① 有人强调个体决策者（顾客）常常会在做出选择时遇到困难，我对此并不反对。但我们也应该注意点到，"组织"确实能够降低个体决策所受的限制。

是较低的机会主义的，但是完美管理人的假设无疑过于理想化了。（即便是圣人也难无过，更不用说我们都只是凡人而已。）

就这一点而言，区别日常工作以及不大熟悉或是非标准的偶发干扰便很有用了。但就动机的脆弱性以及机会主义看来，它们分别适用于何种情况？

我认为，动机的脆弱性在描述日常活动时通常是足够的。人们通常会根据他们做出的承诺完成工作（还有人会超额完成工作），而不会刻意地去询问他们为此所付出的努力是否得到了预期的净收益。即便他们犯错，那也不过是一次正常的挫败和一种偶然的困惑而已。

然而，假设我们提出另一个问题：要对经济组织的结构做深入的了解，我们应该做出怎样的假设？尤其是，如果我们关注的焦点不是日常事务，而是长期的契约关系，我们又该如何开展研究？

目前采取的一种办法是在所有重要的契约环境（如中间产品市场、劳动市场、资本市场等）中预测未来、分析威胁，并将它们整合进组织设计之中。如果以激烈的方式考虑机会主义能警示我们那些可以避免的危险，而温和的动机的脆弱性视角却不能，那么在那些善意的组织结构中便存在着真正的危险。通过事前选择治理方式削减事后的机会主义威胁，正是交易成本经济学运转的核心。

机会主义的概念（在被应用于契约时）与寡头的概念（在与民主政治相关时）有着惊人的相似。罗伯特·米歇尔斯在他的著作《政治党派》（*Political Parties*）中做出了这样的总结："只有对民主政治的寡头威胁做出冷静而坦率的思索，我们才能将这些威胁的危害降到最低"（Michels，1966，p.370）。若将米歇尔斯的评论用在机会主义上，则变成：只有对机会主义的威胁做出冷静而坦率的思索，我们才能缓解这些威胁。

2.3　如何描述企业

戴维·克雷普斯（David Kreps，1990，p.96）曾提出：

（新古典）企业就像经济学课本中的个人代理，在一般均衡理论中能得到充分的表达（Debreu，1959；Arrow and Hahn，1971）。企业不仅与市场中的其他企业相互作用，也与企业中的个人相互作用。代理人有效用函数，企业有谋利动机；代理人有消费集，企业有生产可能性集。但在交易成本经济学中，企业更像是市场——它们均为个体提供了一个相互作用的场所。

因此，新古典经济学将企业描述为一种技术建构的"生产函数"；而交易成本经济学却把企业描述为一种组织建构的"治理结构"。

如果将企业和市场描述为替代性的治理模式，我们就可以尝试对旧问题给出新的答案。我们不必再从技术的角度来看待企业的有效边界（规模经济和范围经济），而是可以通过比较区分不同治理结构的交易（企业或市场）来导出有效边界。科斯提出的两个最初问题——企业为什么会存在？为什么不能在一个大企业中开展所有的活动？——也可得到解答。

2.4　经济组织要解决的主要问题是什么

经济组织非常复杂，且能解决许多问题。然而，专注于主要目的是有用的，同时与之相关的其他目的则被视为扩展或改进。弗里德里希·哈耶克（Friedrich Hayek，1945）与切斯特·巴纳德（Chester Barnard，1938）认为，经济组织的核心问题是适应，而交易成本经济学的理论也与之不谋而合。

哈耶克认为，"经济问题总是也仅会在发生改变时出现"（Hayek，1945，p.523），而"社会中的经济问题则主要是在快速适应某个特定时间及空间环境时产生"（Hayek，1945，p.524）。巴纳德也同样强调了"适应"的重要性，不过他的视角却有所不同。巴纳德认为，"一个组织的存亡与否取决于其是否能够维持其复杂属性的平衡……（而这）则需要对组织内部的流程进行调整……（这样一来，）我们关注的焦点便落在了完成（适应）的过程之上"（Barnard，1938，p.6）。如果说哈耶克所提到的"适应"是个体感知到相关价格变化后对市场机遇做出的自发性适应；巴纳德所关注的"适应"则是通过企业内部管理所实现的协调性适应。

交易成本经济学认为，一个高性能的系统需要兼备以上两种适应能力。正如本文第3节所述，不同的治理模式是以根据它们进行以上两种适应时的不同表现来区别的，但我在这里想要强调两点：（1）有关适应的组织理论不应被描述为"静态"理论；（2）要依赖行政手段（偶尔也靠企业法令）来实现协调性适应的组织理论，毋庸置疑是与"管理"密切相关的。由此得出结论，交易成本经济学是一种充分运用了跨期、适应、管理的理论——尽管这并不意味着我们就不再需要更动态的或更优秀的管理理论了。

2.5　这一理论是否能扩展

与其他企业理论相似，将企业视为治理结构的交易成本理论也是一个以高度简化的体系为基础的。所有其他企业理论都有一个共同关注的问题，那就是：它们如何解释企业的边界？其中，一种可能的答案是，反复地应用相同的基础机制来定义边界；而另一种理论则引入了其他力量和因素来解释企业边界。

在为企业赋予生产功能这一前提下，"一体化经济的清晰案例"长久以来都被认为"包括单一工厂中流程的硬件一体化或是技术一体化"（Bain，1968，p.381）。但在那样的情况下，我们又该如何解释技术上彼此独立、流程上彼此相邻的生产步骤之间的地带？如何解释多工厂企业以及/或者解释生产针对分销的前向一体化？当然，求助于非技术力量是必需的，而市场力量正是一个显而易见的选择。[①] 然而，由于很少有企业能够拥有持续性的市场力量，借由一体化来实现垄断目的（包括价格歧视与准入门槛）就不大具有阐释力了。既然新古典经济学体系依赖的狭隘的技术和垄断分析，只是为企业边界给出了一个非常不完整的解释，我们因此就需要再在别处求寻解答。

根据桑福德·格罗斯曼和奥利弗·哈特（Sanford Grossman and Oliver Hart，1986）提出的有关企业产权的理论，供应商（阶段 A）和采购方（阶段 B）的一体化需要强调定向所有权（directional ownership）。因此，尽管我们通常将纵向一体化视为统一的所有权，即供应商和采购方均向一个共同的顶层上级汇报，它将负责管理供应商和采购

---

① 乔·贝恩（Joe Bain）认为，"训练有素的观察家有着敏锐的质疑力……他们怀疑大量的纵向一体化……（没有）在成本节约的层面证明自己的正确性。显而易见，他们的怀疑是正确无误的，尤其是对于分销设施的一体化更是如此……（在这种案例中）交互的基本原理，显然是参与一体化企业市场势力的增加"（Bain，1968，p.381）。且正如科斯所说，这是一个众所周知的观点（Coase，1972）。

商，从而促进双方协同投资及适应，但那却不是格罗斯曼和哈特的观点。在他们看来，要么是供应商收购采购方（在此情况下，供应商拥有剩余控制权），要么是采购方收购供应商（在此情况下，采购方拥有剩余控制权），因此，所有权的去向便变得尤为重要了。而定向所有权也正是格罗斯曼和哈特与其他各路学者在纵向一体化理论上最大的区别。

在格罗斯曼和哈特的体系中，无效率被完全归因于其他形式的所有权安排引起的事前投资行为扭曲。而且，格罗斯曼和哈特还坚持认为，供应商和采购方是基于定向一体化（directional integration）来做出投资决策的，供应商和投资方将占有其各自的一份净收入，且从来不需要管理方来介入管理事务。除非他们承认所有的契约都不可避免是不完整的，否则他们的产权理论就只是关于产权的理论（Holmstrom，1996）。

这种不计管理成本的企业（management-free firm）是否能实现以及如何实现从两个阶段的一体化向建立在许多从未得到解决疑问上的定向一体化的扩展？然而，尽管哈特（Hart，1995）频繁地提到了现代企业，但建议这些都应纳入上述范畴。鉴于这种体系（不考虑管理成本的组织形式。——编译者注）的逻辑是不合情理（Kreps，1996）或是错误的（Maskin 和 Tirole，1997），从两个阶段的一体化扩展到包含多个阶段一体化会增加困难（迄今为止，还未出现过类似的尝试）。

探讨企业边界的交易成本经济学始于一项"核心技术"（Thompson，1967），在这项核心技术中，一体化被认为是毫无疑问的。之后更是审视了与这一核心技术相关的前向一体化、横向一体化，而且后向一体化也得到了研究（Williamson，1995，pp. 96-98）。但是，企业会对原材料（如塑料和化学原料）进行后向一体化，还是会从其他企业获得？企业会生产自己使用的组件（如电子开关），还是从市场采购？企业会选择向前对分销途径进行一体化，还是会依赖其他企业的批发与零售能力？上述每种情况的交易均发生在技术可分（technologically separable）的各个阶段中，也就是说，我们可引入缓冲存货机制来实现交易过程中邻近阶段的时间分离。

在某些情况下，规模经济与范围经济的决策也很简单：如果企业规模太小，产能无法满足自身需求，那么生产还是购买的选择便显而易见了。但在许多交易中，企业无论是在市场上购买还是自己生产，在技术上都是可行的，选择主要取决于可比较的交易成本，这便是在后文第 3 节中要阐述的微观分析。企业最终的决定一方面取决于与成本相关的交易的属性，另一方面取决于可替代的治理模式的效能。

在中间产品市场交易中，企业的边界是由层级制替代市场制解决生产还是购买这一计算的各个阶段的集合（Williamson，1985，pp. 96-98）。在这种企业中，所有生产阶段的所有权都是统一的，而不是定向的。投资与战略决策也皆由层级制进行协调，如果出现了相邻阶段无法达成一致的争端，则由企业法令进行决断（企业便是其自身的终诉法庭）。而且，这种契约演算还延伸到了企业内部的劳动组织之中，并影响了债权和股权的抉择——债权是一种更为市场化的工具，而股权则与层级制关系更密切。结果就是一种类似现代公司的产物从对交易成本经济学的持续应用中诞生。因此，对相同的契约演算的反复应用，可以实现理论的扩展。

最后，再考虑代理理论体系。代理理论大体上是一种反映雇佣关系的理论，其主要由状态实现与代理人努力情况共同决定。由于信息不对称与风险规避的缘故（代理人更了解投入的努力，也通常更不愿承担风险），我们需要在激励强度与有效风险承担中进行权衡，并且/或者根据需要在多种任务中实现有效的努力投入。尽管本·霍姆斯特罗姆（Bengt Holmstrom，1996）曾指出企业边界问题可以由该框架得到有效呈现，但迄今为止，其应用仍十分有限。以分销的前向一体化——选择内部的销售部或是独立的分销商——作为解决考察销售人员业绩难题的方法，特别是在多个品牌的情况下，便是应用代理理论的实例之一（Holmstrom，1996，p. 32）。将难以进行质量评估的阶段进行一体化，则是另一种可能性（Holmstrom，1996，pp. 32-33），但质量也可被解读为对品牌资本的潜在威胁，并归于资产专用性体系之中。

实际上，正如霍姆斯特罗姆所观察到的，代理理论和交易成本经济学并不互相排斥（Holmstrom，1996，p. 32）。但值得一提的是，为了用一个有意义的方法来研究生产还是购买的问题，代理理论需要摆脱其对有效风险承担的长期关注，转而把焦点投向企业间的契约风险（而这也是交易成本经济学自始至终的关注焦点）。在取得进一步的研究成果前，这两种方法可被视为互补的——分别应用在不同的环境之中。

3. 如何应用

许多潜在的经济组织理论主要都是回顾性的，因为它们是对已经发生的事件给出事后解释。尽管这种解释十分有趣，且蕴含的信息非常丰富，那些似是而非的理论不断扩散，因此我们需要学会去伪存真。正如尼古拉斯·乔治斯库-罗根（Nicholas Georgescu-Roegen）所说，尽管"通常而言，科学的一般目的并非预测，而是知识本身"，但预测却是"科学知识的试金石"（Roegen，1971，p. 37）。迟早有一天，与经济组织相关的潜在理论必须摆脱事后预测的做法，并进行预测。

虽然交易成本的概念非常有吸引力——因为它与许多现象都有着显然的相关和联系——但它也是一个具有弹性的概念，除非被另外界定，否则都可以也确实被用作事后合理解释：对每一种异常的情况，都能轻易找到一种基于交易成本理论的解释（Alchian and Demsetz，1972；Fischer，1977，p. 322，n. 5）。预测性的内容要求可操作化。正如本文所述，这需要（1）确定需要组织的单位并进行维度化；（2）确定组织的结构并将之维度化；（3）在前两者中建立一种有差别的匹配，并在此后（4）完成实证检验（紧跟第 3 步）。

3.1 分析单位

约翰·R. 康芒斯（John R. Commons）认为，"基本的行为单位……本身必定包含三个原则，即冲突、相关性和秩序，这个单位就是交易"（Commons，1932，p. 4）。交易成本经济学不仅认同交易是基本的分析单位这一观点，也赞同康芒斯所说的这三项原则——冲突、相关性、秩序——在很大程度上也正是治理的所有内容。

明确交易是基本的分析单位，有效地将经济学朝着契约科学的方向又推进了一步，同时进一步远离了选择科学的范畴（Buchanan，1975，p. 229），但只有在我们识别出了区分不同交易的各种因素之后，交易作为分析单位才会具有操作意义。假如由于有限理性的缘故，所有复杂的契约都是不完全的，且由于机会主义的缘故，许多契约会被置于适应不良的风险（maladaptation hazard）之中，那么造成契约风险的这些交易的属性是什么？又该如何缓释？

在描述交易的众多属性中，对商业交易①研究尤其具有指导意义的三个维度为：交易反复发生的频率；交易的不确定性（扰动因素）；资产专用性的条件。其中，资产专用性会引起双边依赖。于是，一开始本可能是大量供给的情况，到最后也变成了少量的交换关系。资产专用性有多种不同的形式——例如，有形资产专用性、人力资产专用性、地理区位专用性、专用资产专用性、品牌资产专用性以及时间专用性——对应于不同个体化的治理结构，更是推动交易成本经济学的预测性内容向前发展的动力。

3.2 治理

交易成本经济学将企业视为一种治理结构，而非生产单位。实际上，治理的概念正是对康芒斯的三项原则的准确阐述：当潜在的冲突扰乱或动摇了机会，从而对互利造成了威胁，治理便是能够让一切重新实现秩序的方法。

的确，在比较制度分析中，企业不过只是其中一种可替代的治理模式。其他治理模式还包括市场制、混合制以及公共部门的官僚制。但这就有一个问题了：用以描述可替代治理模式的关键维度又是什么？

正如本文第 4 节将会讨论的那样，交易成本经济学认为，每一种一般的治理模式均受到一种独特形式的契约法的支撑。在这种情况下，我们应对相关的契约法予以说明。而且，如果适应（包括自发性适应与协调性适应）是经济组织的中心目的，那么我们便需要比较这两种适应方式应对各种治理模式的效率。此外，由于治理需要通过相应手段来实现，而激励强度和行政控制正是其两种基本手段，因此这两种管理手段在治理结构上的区别就需要进一步的发掘。

常规治理模式在这 5 个方面的区别在其他文献中已有阐释（Williamson，1991，1997）。从市场与企业的角度来看，主要的区别为：

---

① 正如本文第 5 节将要讨论的那样，当公共部门被纳入考察的时候，会增加额外的考量。

（1）激励强度：高强度的市场激励将向低强度的企业激励让步。

（2）行政控制：企业受制于更广泛的管理规则与程序。

（3）适应性：在自发性适应（autonomous adaptation）方面——应对相对价格变动，市场制更有优势；但在协调性适应（cooperative adaptation）方面，企业更有优势。

（4）契约法：市场的契约法有具体的法律条文，依靠法庭秩序的支持；而企业则用私人秩序代替了法庭秩序，并通过企业法令解决争端（事实上，企业就是其自身的终诉法庭）。

3.3 预测

交易成本经济学提出了有效匹配的假设。根据这种假设，不同特性的交易与不同成本及不同功能的治理结构相匹配，最终（主要）节约了交易成本。图6中的简单缔约图解对不同的缔约形式做出了比较分析。从图6可以看出，不同的交易类型（k，或者技术）有不同的契约风险，而契约风险又催生了保障措施（s，或者治理结构），最终结果则是不同的交易有不同的预期价格。因此，价格、技术与治理方式都被同时确定了。

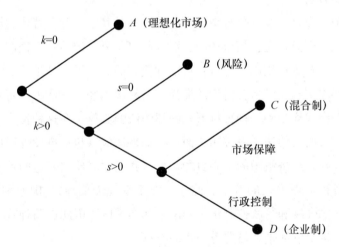

图6 简单缔约模式

假设通用技术与专用技术皆可提供良好的服务。其中专用技术能够更有效地满足稳定需求，但是需要对资产进行更多的交易专项投资。然而，如果还需要适应（交易干扰），那么契约就会变得复杂。

如果用 k 来表示交易专用资产，则在使用通用技术的交易中 $k=0$。相应地，在使用专用技术的交易中，$k>0$。在这里，"资产"是对交易方的特殊需求的投资。因此，如果此类交易被提前终止，生产价值就会受损。这类交易中存在着双边依赖的情况——各方都有动机去设计方案来保护专用技术的投资。我们用 s 来表示此类方案。当 $s=0$ 时，表示没有提供此类保护方案；当 $s>0$ 时，则表示提供了此类保护方案。

保护方案有两种形式。其一是在契约中添加一些补充条款，比如规定违反条款时的罚金，增加披露额外信息的条款，说明争端解决机制（如仲裁）；这是企业之间可信的承诺。另一种形式的保护方案则是将交易从市场中分离出来，使其在统一的所有权下进行交易，并使用层级制（包括命令）进行协调。

点 A 表示法律和经济学中的理想交易：交易双方均没有依赖性（$k=0$），且这类交易受到竞争的保护。点 B 表示契约风险，这是因为进行了专用投资（$k>0$），但是却没有保护方案（$s=0$）。有先见之明的交易者可识别出这些危险，并在契约中针对这些危险设立赔付条款。点 C 和点 D 表示提供了额外的契约支持——可能是以契约保护方案的方式（点 C），也可能是以统一所有权的方式（点 D）。

将交易带出市场而进行内部组织时，会产生额外的官僚成本。内部组织通常被认为是最后才会采用的一种组织形式：在尝试过市场制、混合制并且都失败了之后，我们才考虑内部组织这种形式。因此，只有在交易具有特别高的资产专用性以及附加的不确定性对协调性适应提出了更高需求时，点 D（企业制）才会出现。而且，正如本文第 5 节所提到的，这张图所涵盖的范围可延伸至法律法规及官僚体系。正如前文所述，对契约的研究也涉及对一些关键主题的变体。

3.4 实证检验

有些经济组织理论几乎没有推导出可证伪的含义，在少数几个推导出可证伪含义的理论中，经过实证检验的更是少之又少。西蒙坚信，交易成本经济学对实证研究并不上心：亟待实证检验，"新制度经济学及其相关研究方法在没有实证检验之前，仅仅是一种信仰行动，或者'朝拜行为'"（Simon，1991，p. 27）。

早在 20 年前（20 世纪 70 年代），那时候缺乏关于契约和组织的实证研究，科斯也表达过相似的担忧（Coase，1972），那是在交易成本经济学、预测匹配理论得到发展之前了。在美国，交易成本经济学的实证应用始于 20 世纪 80 年代，并在此之后得到迅猛发展：仅是得到出版的论文就有 400 多篇，研究学者更是来自包括新西兰、日本、印度、墨西哥、美洲、欧洲等国家与地区。

虽然与交易成本经济学相关的经验现象通常是简单的分立结构——如纵向一体化（生产还是购买）、纵向市场管制［当契约需要非标准（这一点至今尚存疑虑）的契约支持时］、撤销管制（就像国家内部的自然垄断行业）与私有化（尤其是国家之间通用产业的私有化，如电信产业）的效率比较，以及如何选择债务与股权等问题——交易成本经济学的确会产生许多可证伪的含义。研究的发展很可能不会这么顺利，但是理论与证据展现出了惊人的一致性（Masten，1995，p. xi）。近期的实证研究综述来自谢兰斯基和克莱因（Shelanski and Klein，1995）、莱昂斯（Lyons，1996）以及克罗克和马斯滕（Crocker and Masten，1996）[①]。

这些研究在很大程度上验证了交易成本经济学的预测，同时人们开始怀疑商业契约中风险规避的重要性。可以肯定地说，交易成本经济学，就像其他学科一样，会从更多更好的实证研究中获益。我毫不犹豫地宣称，交易成本经济学是一个实证成功的故事。乔斯科同意我的观点："（关于交易成本经济学的。——编译者注）这项实证研究比产业组织的实证研究发展得更好"（Joskow，1991，p. 81）。

4. 支持性概念

4.1 从产权到契约

产权经济学认为，经济组织的中心问题是界定与执行产权的问题。由于契约的法庭秩序被认为是无成本且有效的，契约的问题也因此消失无踪了。

---

① 威廉姆森和马斯滕编著的论文集［参见 Williamson 和 Masten（1995）］第二卷重印了经验主义领域中的部分重要论文。

交易成本经济学以一种不同的方式开展研究。尤其是在发达经济体中（我们可以认为发达经济体的产权已得到了充分界定，并由国家保障产权不被剥夺），组织的主要问题是如何将治理结构与交易匹配，以实现有效结果。虽说这绝不是反对产权的重要地位，但许多分析行为的确（随着社会的发展）从财产向契约转移。正如阿兰·法恩斯沃思（Allan Farnsworth）所说："如果经济没有发展到一个相对高级的层次，那么承诺的交换其实并没有多大的实际意义……实际上，在保护生命与财产都仍是一个基本问题的社会中，谈论契约的问题实在是过于奢侈了"（Farnsworth，1990，p. 10）。肯尼斯·斯科特（Kenneth Scott）也同意这一观点（Scott，1996，p. 57）：

> 在原始社会中……侵权法中的条款也许还有些许用武之地，但契约中的条条框框就完全派不上用场了，因为原始社会中的合作与交易的持续时间都是非常短暂的……但随着工业革命的开展，生产（以数量级）变得更加复杂与互相依赖……长期的规划与协调也需要仰仗长期的承诺。

正因如此，随着社会的发展，我们也变得愈发需要在产权的背景下对契约进行研究。对经济组织的研究也因此进阶到了第 3 层，而将第 2 层的制度作为给定的限制。

交易成本经济学从研究单一合同法迈向了研究契约法（复数），并使其研究范围超越了法律条款和法律中心主义（legal centralism），到达私人秩序（private ordering）的领域。卡尔·卢埃林将契约视为框架（而不是法律条款）的观点是重要的（Llewellyn，1931，pp. 736-737）：

> ……法律契约的重要性主要体现在，它几乎为每种组织、每种短暂或永久的个人或者组织关系提供了一种框架……这种框架具有高度的可调整性，它几乎不是精确地描述真正的活动关系（working relation），而是在这种关系变化时，能够粗略地指出这种变化——它是在遇到疑问时偶尔可以指明方向或者是当这种关系出现问题时，作为最终诉求的标准（norm）。

虽然最终诉求（ultimate appeal）是重要的［因为它划定了威胁（threat position）的边界］，但在私人秩序的背景下，主要的契约行为还是会得到执行。多数纠纷（包括许多在现行法律下可送至法庭处理的纠纷）都可经由规避、自助等方式解决（Galanter，1981，p. 2）。这是因为"在许多实例中，比起那些对纠纷缺乏了解而只能诉诸法律条款的专家，纠纷的相关人员能设计出更优秀的解决方案"（Galanter，1981，p. 4）。"法庭会处理好纠纷"这一设想倒是方便，但却想得过于简单了（Tullock，1996，p. 5）。对经济组织的研究需要考虑到所有的治理形式。

只要我们能够摆脱那种"全能的契约法（单数）能解决所有问题"的简单思维，转而考虑契约法（复数），我们便能推进组织研究（Summers，1969）。麦克尼尔（Macneil，1974，1978）对古典契约法、新古典契约法以及关系契约法的区分是重要的。其中，古典契约法描述的是法律与经济学中的理想交易，（在理想交易中）各方的身份不重要（资产专用性为零），所以流行的是法律方法（legal rules approach）；而新古典契约法的重点则从现货市场转移到了长期契约（重视延续性），更接近卢埃林的"契约框架（contract as framework）"概念。

尽管麦克尼尔所提到的关系契约法得到了广泛的支持，并有着相当直观的吸引力，他同时也承认："迄今为止，美国的契约法还不存在一个类似的系统"（Macneil，1978，p. 889）。由于契约法的目标是要支持更多有效的契约/组织模式，而非设计一个更有弹性的契约法形式，所以我们不必因为关系型契约遭遇的失败而懊恼。正如麦克尼尔接下来所提到的："来源于古典契约法系统、新古典契约法系统的衍生主题（大多与公司法及集体谈判相关）"（Macneil，1978，p. 885），可以而且已经缓解了契约法（狭义上）在回应迫切需要时的无能。因此，公司法和集体谈判可被认为是契约法（广义上）的延伸，用于应对更为广泛的治理问题。如果契约真的是美国法律教育的开创性以及经典性课题（Rubin，1996），我们应该能够以此为基础建立起一套理论。

交易成本经济学提出了这一观点：每种治理结构都需要由独特的契

约法支持，并认为隐性的层级制（法律）具有法律自制（forbearance）。因此，如果发生了价格纠纷、延误损失、质量问题等类似的情况，法庭一般支持企业，但是面对组织内部部门之间的类似问题，法庭会拒绝审理。在这种情况下，企业自身就成了它的终诉法庭，而这也说明了为什么市场制和层级制在解决纠纷时会有如此巨大的差别。

4.2　有先见之明的缔约

尽管交易成本经济学认为所有的复杂契约都不可避免地是不完全的（由于有限理性），但复杂契约的这种"不完全"不应与"短视"混淆。相反，交易成本经济学认为理性的经济行为人是有先见之明的——因为他们会向前展望，感知风险，并将这些信息体现在缔约计算之中。正如彼得·亨尼普曼（Peter Hennipman）所说，"经济效率（economic efficacy）的主要特点隐藏在以下事实中——有关决策均是根据……对经济现象以及各个现象彼此之间的关系进行洞察后的成果"（Hennipman，1995，p. 29）。乔治·舒尔茨（George Schultz）对其接受的经济学训练的重要性曾做出过以下反思："我曾接受过的经济学训练极大地影响了我对公共政策任务的看法，即便它们与经济学并没有特别明显的关系。经济学教导我们去思考未来，对间接后果提出疑问，并注意到那些可能没有被直接考虑的变量"（Schultz，1995，p. 1）。而这正好与前文所述的观点密切相关，那就是一种有先见之明的缔约——使不完全契约得到了整体性的检验。

如果把马基雅维利（Machiavelli）对他的王子陛下提出的"违反那些免于惩罚的契约"的建议，与交易成本经济学赖以运行的可信承诺概念放在一起对比，就更可以说明这种区别。前者是对契约的一种短视解读——先下手为强——而后者则是一种有远见的建设。英明的王子没有接纳这种类似机会主义的提议，而是决定给出并接受可信的承诺。正因如此，秩序才能得到建立，潜在的冲突才能得到缓和，互惠互利的结果才能够实现。

4.3　效率/可修复性

一个理想化的系统（零无谓损失、零交易成本、仁慈的治理）虽然在分析上很简便，但是，我们最迫切的需要永远都是"研究这个存在正交易成本的世界"（Coase，1992，p. 717）。因此（Coase，1964，p. 195）：

> ……尽管对最优系统的思考可提供原本可能被忽略的分析手段……但总体看来，它的影响是有害的。它将经济学家的注意力从"备选的社会安排如何在实践中起作用"这一主要问题上转移开了。它诱使经济学家单凭对抽象的市场环境的研究来得出经济政策。此外，我们能在文献中发现名为"市场失灵"的章节，却绝对没有叫"政府失灵"的内容，这也并非偶然……除非我们意识到我们所选择的社会安排都有或多或少的失败之处，否则我们不大可能取得更大的进展。

完美经济学（nirvana economics）（Demsetz，1969）也传递了相似的信息：

> 与理想化假设不同，交易成本经济学推行的是可修复性标准。根据此标准，如果人们找不到一个比现有组织模式更可行的替代组织模式，并且不能实现预期的净收益，那么现有的组织模式就应被看作有效的。但可修复性标准有一点值得注意的是，除非对那些备选方案做出比较，否则可修复性标准所指的现存方案实际上比起其后出现的竞争方案都更为优越。而这就对重新阐释所谓的"路径依赖"所引起的无效率论产生了重大影响。与此相关地，即便被推荐的备选方案在各方面都比现存的备选方案更优越，也有必要检查其实施上的障碍。如果克服那些业已存在的状况要付出的代价太高，不管是在经济上还是在政治上，那么既要实施这些方案又要获取净收益便不大可能了（Hennipman，1995，p. 37）。实际上，可修复性标准将现存模式的效率视为一种可证伪的推定（Williamson，1996，第8章）。

因此，经济学家欣然将福利所得归因于既定改革的态度便值得怀疑了。与通常的"宣称配置效率在'用一次性补贴或一次性征税代替价格补贴后'就会提升"这一做法相比，可修复性还提出了以下三个额外要求：(1) 必须显示一次性征税所参考的必要信息；(2) 必须描述支付机制；(3) 如果持续的价格补贴无法服务于政治目的，则必须将政治抵抗考虑在内。但这并不否认忽视实际和政治的经济改革也可含有丰富的信息，但是，它们也可能具有误导性。经济学极少凌驾于政治之上，而是为政治服务（Stigler，1992）。

4.4 选择性干预

为何大企业无法完成小企业集群可以完成的所有事情，并做得更多？例如，经济学家普遍认为大型的老牌企业相比小型的新兴企业更有优势，因为（Lewis，1983，p.1092）：

> ……大企业至少可以像小企业那样利用（投入）……并赚取和小企业相同的利润。然而，通常而言，大企业可通过令新增投入和现有投入协调生产的方式改善这一情况。因此（相同的投入）会在占据统治地位的企业中获得更多增值。

相似的观点也可应用在纵向一体化中：如果大企业可以在各个方面做得和小企业集群一样好，甚至有时可以做得更好，那么通过选择性干预，大企业理应可以得到无限制的发展。

解决这个问题是一个繁杂的过程，并在其他地方已有讨论（Williamson，1985，第6章）。与之相关的主要观点有：（1）内部组织（大企业）无法在激励强度方面效仿小企业（市场收购）的经验；（2）永远保持干预但只出于正当理由（的选择性干预）的协议是愚蠢的，因为它没有强制执行力。结果，整合重复生产与选择性干预所预期得到的优点根本无法实现，因此，从市场制向层级制的转变（反之亦然）总是伴随着这一权衡：协调生产所得的收益与额外的官僚成本之间的权衡选择。而这种权衡选择取决于交易的成本属性，以及备选治理模式的竞争力和成本。这是分立结构分析所研究的领域，其中，组织模式的备选方案被描述为各种相关特性的综合体——其优点和缺点都十分明显且无法复制。

5. 应用与扩展

5.1 持续发展

自从由纵向一体化的原型问题发源之后，交易成本经济学便接连审视了劳动组织（团队、同侪团体、工会）、主导企业及寡头垄断问题、技术及组织创新、工作组织、现代企业（多部门企业、综合企业、跨国企业以及日本企业）、自然垄断的契约问题（尤其是与特许经营权投标的效率相关的问题）、信任问题的多种非标准契约形式（包括质量保障、特许权、客户及区域限制、互惠及交换关系、照付不议采购协议、两部分定价方案等）、公司治理与公司金融、声誉效应机制及企业文化的应用与局限，以及以上所有问题与商业公共政策相关的分支（几乎所有都与反垄断相关，多数与管制相关）。而且，最近还涌现出了不少同时包含新制度经济学两部分理论——治理制度与制度环境——的应用，来检验与可信承诺相关的私有化和改革的效用。正如莱维（Levy）和斯皮勒（Spiller）所说，"透过交易成本经济学的视角——凭借其微观经济学的视点，对有效匹配与可修复性的重视，以及其将缔约问题视为治理问题的观点——来检验私有化，使我们得以理解在不同政治环境与社会环境中哪些因素决定了私有化公用事业的表现"（Levy and Spiller，1994，p. 202）。在这一领域，许多工作还在进行中，还有更多的工作即将开展。我在此将对公共（官僚）部门和战略管理的应用进行简单的介绍。

（a）公共部门。

公共部门在经济学中一直存在着有好有坏的名声。从一个极端看来，它指的是陈旧的（现在是臭名昭著的）公共财政传统，其中公共部门（和其他上级政府部门）被认为是"全能、全知、仁慈"的行为人（Dixit，1996，p. 8）。而来自另一个极端的责难，则出于一种与产权相关的观点，即公共部门是低效的，而只有合理地分配产权，并将有疑问的活动私有化，低效的问题才会得到解决。

交易成本经济学将公共部门视为一种工具，一种备选的治理模式，特别适合实现某些特殊的目标，而不大适合其他目标。那么，公共部门适合的是哪些交易？为什么？公共部门在经济组织中处于何种地位？

要回答这些问题，我们需要完成几个步骤。首先，我们要抛弃将公共部门视为一个仁慈的技术实体（突出生产成本）的旧思想，并将其看作一个有缺点的组织实体（突出交易成本）。"承认新古典经济学对企业的认识不足，以及根据不同交易成本的概念建立起更丰富的研究范式和模型……政策分析也从打开黑箱、研究其内部真正的工作机制中获益"

(Dixit，1996，p. 9)。

其次，我们需要接受这一可能性，即公共部门治理所承担的交易增添了复杂性，而公共部门的特性必须对这种复杂性做出（相对）有效的应对。因此，我们便需要识别并解释这些让公共部门治理与众不同的特性。

最后，我们需要识别并解释那些界定并使公共部门有别于其他治理模式，并给予公共部门治理能力与局限性的分立结构属性。相应地，为何私营企业无法效仿公共部门的问题也需要得到解答。

有些相关问题已经通过与管制相结合得到了解决（Williamson，1976；Goldberg，1976；Priest，1993），但又出现了一些与重新分配相关的新问题（Krueger，1990；Williamson，1996，第 8 章），而一些问题则与国家完整性处于危险时的交易有关。其中，最后一种交易类型有时也被描述为"主权交易"（sovereign）[①]，其中外事交易就是一个例子。这种交易尤其需要交易双方的诚信，因此低能的激励与社会对政府公共任务的限制就是它的治理特性。由于私有部门在这些方面无法效仿公共机关的属性[②]，因此，要私有化此类交易并取得预期收益，需要付出很大的代价。

值得强调的是，没有一个无所不能的完美组织形式。交易有不同的特性；治理结构有不同的成本与能力；有效匹配是预测行为的基础。但对于所有可行的组织形式（公共官僚部门就是其中之一）而言，交易成本经济学不变的训诫是：各种组织形式都需要一个位置，而且每种（组织）形式都需要守住自己的位置。

请注意，因为公共部门激励能力低下、规矩繁杂以及（比起私有部门）更高的工作稳定性而对其进行的责难是不得要领的。上述这些特点是我们精心为公共部门设计的，是为了让它产生我们期望的治理效果。

---

① 威尔森将主权交易描述为："我们希望政府能够完成某些工作的原因，并非政府在完成这些工作时所需的成本更低或是更有效率，而是因为只有政府才是公共权威的象征，因此某些工作是政府专属的"（Wilson，1989，p. 359）。

② 即便我们为了辩论而提出以下假设，即极低能的激励和公共雇佣关系是其关键特征，我们仍然要问：为何不重新设计私有部门，以使其在这些方面复制公共部门的职能？当然，结果表明，要在具有自主所有权的部门复制这些职能是不可能的——而这也正是外包对于私有部门的意义所在（这一点正如我在前文所述，在比较市场制和层级制时，我们不可能进行选择性干预）。

我们应该关注的不是为何公共部门拥有这些特性，而是它是否越过了自己的管辖范围，也就是说，它既要治理那些自己适宜治理的交易，又要涉足那些自己不大适宜的交易。对于后者，我们需要时刻保持警惕——以免那些偏爱公共部门的人滥用公共部门的职能。正如图 7 所示，公共机关被认为是最后一种组织形式：尝试市场制，尝试混合制，尝试企业制，尝试管制，当这些办法都（相对而言）行不通时，最后才求助于公共部门。

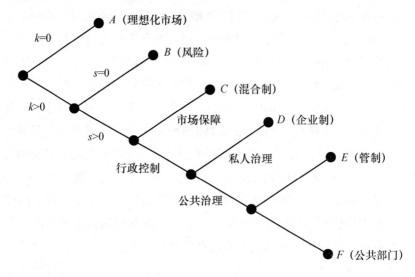

图 7　简单缔约模式（扩展）

（b）战略管理。

"战略管理的根本问题是企业如何实现并维持其竞争优势"（Teece，Pisano，and Shuen，1996）。这是一个相当有野心的目标，且已有大量文献——以竞争力、战略冲突、资源基础理论、动态能力等为主题——在过去的十年间发表。

这些文献大部分专注于讨论对"成功"的事后合理化解释（讨论目的是发现"优秀"背后的原因）。尽管此类文献包含的信息十分丰富，但它们却很少尝试去预测成功。因此，对成功管理进行的经验总结工作也很少超出特殊案例分析的范围。

交易成本经济学将战略手段与战略定位放在了次要位置。明智的策略很少会去拯救那些严重治理失效的企业（Williamson，1996，第12章）。然而，由于节约/有效匹配假设在一般层面发挥作用，因此它们并没有涉及企业的战略考虑。交易成本经济学是否能与战略管理问题有更广泛的联系？本文对资源基础理论的应用进行了概述。

资源基础理论的观点是，我们根据企业的"资源/能力/禀赋"对其进行描述，且"企业至少在短时间内将受制于其现有的资源，并有可能被迫在缺乏必需资源的情况下存活"（Teece，Pisano，and Shuen，1996，p.6）。但我们应如何描述这些资源能力？我们又从中获得了怎样的战略教训？

战略管理文献通过列举一个长长的"隔离机制"名单来回应第一个问题。其中，占据主导地位的是模仿壁垒（Mahoney and Pandian，1992，pp.371-373）。这是一个重要的步骤，但这份名单中的内容也需要按照重要性进行先后处理，发现并解释其主要特征。马奥尼和潘迪安曾提出过一个重要问题，即"我们从中可归纳出怎样的见解"（Mahoney and Pandian，1992，p.371），而他们对此的回答则是"隔离机制存在的原因就是资产专用性和有限理性"。用战略管理的语言来讲，这两种交易成本概念可分别被解读为"独特性与随意模糊性"（Mahoney and Pandian，1992，p.373）。

如果交易成本经济学要更完整地参与到策略研究之中，那么我们要踏出的关键一步就是要超越交易成本经济学目前运作的一般层面，去考虑特殊情况。因此，与其去询问"组织X最好的一般模式（市场制、混合制、企业制、官僚制）是什么"（与传统交易成本相关的问题），我们应该问的是"企业A如何以其已有的优点与缺点（核心竞争力与不足）为基础来组织X"。

后面这个问题不止将焦点明确指向了某企业，更要求我们描述某企业的优点（竞争力）与缺点（不足）。人们通常在总结企业特征的过程中忽略了这个问题。

而且，由于交易成本经济学是比较性分析，且由于策略总是根据相关市场制定的，需要考虑现有竞争与潜在竞争，所以交易成本经济学建议通过比较来完成这些评估。[①] 在特定的细分市场 X 中，企业 A 如何与现有的及潜在的竞争者进行比较？

此外，正如表 1 所示，除 X 之外的细分市场也可纳入考虑范围。我在这张表中描述的"资源基础：第Ⅱ层"检验了多种细分市场——既分析了竞争者，又在市场之间做了分析。因此，问题就进一步演变成了："企业 A 如何以其已有的优点和缺点为基础，应对点（X_1，X_2；Y_1，Y_2，Y_3；Z）所表示的细分市场？"对企业进行重新定位，以建立核心竞争力，以及/或者减轻能力不足所带来的影响则是第Ⅲ层所关注的焦点。在这一层的问题是："企业 A 如何以其已有的优点和缺点为基础——根据其所处或与之相关的战略形式（实际与潜在的对手；实际与潜在的细分市场）——为其未来发展进行重新定位？"

表 1　交易成本经济学及策略

基本层 备选的基本模式（市场制、混合制、企业制、机关制）在进行交易 X 时各自的优缺点是什么？
资源基础：第Ⅰ层 企业 A 如何以其已有的优点与缺点（核心竞争力与不足）为基础，来组织某交易 X？
资源基础：第Ⅱ层 某企业如何以其已有的优点和缺点为基础，对点（X_1，X_2；Y_1，Y_2，Y_3；Z）所表示的细分市场进行开发？
资源基础：第Ⅲ层 企业 A 如何以其已有的优点和缺点为基础——根据其所处或与之相关的战略形式（实际与潜在的对手；实际与潜在的细分市场）——为未来发展进行重新定位？

表 1 中所显示的各个步骤都促使交易成本经济学更完整地适应战略管理的需要。其中，第Ⅲ层分析的目标显得尤为宏大，并有可能会分为

---

① 实施这些评估需要对资产专用性进行对比。但值得注意的是，资产专用性有几种形式——包括人力资产专用性、有形资产专用性、地理区位专用性、专用资产专用性、品牌资产专用性以及时间专用性。进行这一比较有一个优点，即偶尔可避免进行绝对测量。在进行粗略的质量评估即可完成工作的前提下，我们只需要确定差异所在，而无须计算出绝对量。有时候甚至只需简单的排序便已完全足够。

不同的步骤解决，而非作为一个综合计划（同时考虑并购、投资、契约、金融、营销等问题）实施。尽管如此，交易成本经济学在盘点企业资产（及其竞争对手资产）以及在评估（与备选情景计划相关的）风险时，都有十分重要的作用。[①]

5.2　未来的挑战

（a）完全形式化分析。

格罗斯曼和哈特（Grossman and Hart，1986）的研究表明，交易成本经济学所面临的持续性挑战是跨越被简化的半形式化分析，来进行形式化分析，同时更留心那些看似有理的结构。目前，不完全契约的主要形式化模型的假设是不可靠的（Kreps，1996），而且/或者有逻辑漏洞（Maskin and Tirole，1997）。即便如此，对不完全合同进行形式化分析仍是一项艰难的事业。因此，那些致力于研究不完全合同形式化的开拓者才值得我们更崇高的敬意。

（b）实时反应。

青木昌彦（Masahiko Aoki，1990）的理论分辨了 H 型架构（西方层级制）与 J 型组织（日本层级制）的区别，我们需要关注第三种组织形式，即 T 型架构——T 表示临时（temporary）、过渡（transitional）以及（更重要的）时效（timely）。其中，"时效"对于在技术与竞争关系日新月异的新兴市场中搏杀的企业扮演着生死攸关的角色。机遇——在正确的时间出现在正确的地方——对于以上组织形式都十分重要，但同时并不排斥先见之明的重要性。定位灵活、反应迅速的企业有其自己的优势。但就这些方面而言，与规模更小、更年轻、更具企业家精神（股权集中）的企业相比，大规模、发展成熟、股权分散的企业无论如何努力，都难免处于劣势（Williamson，1975，pp. 196-207）。

此外，在实时反应方面，一种被称为"失衡"组织形式的结构也可在实时响应中扮演重要角色。合资企业及商业联盟应偶尔被视为 T 型架构组织，以使其继续在快速变化的环境中经营。若单凭自身的力量，

[①]　杰克·尼克尔森（Jack Nickerson）曾在其论文中描述过这一作用（Nickerson，1997）。

各方都无法及时集合并部署必需的资源，而只能通过联营的方式筹集资源。因此，当契约过期时，成功与失败的合资企业同样都会面临解散。成功的合资企业解散的原因是双方通过之前的共同努力已让各方可独立维持正常运作，学习了足够多的经验，并且/或者争取到了足够多的时间以便自己单干。而失败的合资企业解散的原因则是其根本就没有抓住进入市场的机遇。

我们对 T 型组织结构的了解较浅，但正在随着时间的推移慢慢深入（Nelson and Winter，1982；Dosi，1988；Teece，1992；Barnett and Carroll，1993；Teece，Rumelt，Dosi，and Winter，1993），而这对于策略研究无疑是个好消息。

（c）棘手的交易。

棘手的交易（intractable transaction）是没有成熟解决方案的复杂交易。然而，在采用了比较法后，成熟解决方案的缺乏便显得无关紧要了——只要相比之下有更好或更坏的解决方案就已足够。毕竟，能够从所有可行的方案（都有或多或少的缺点）中选择出最好的方案，已是一个了不起的成就。

我所说的"棘手交易"是交易一方在战略信息上占有重大优势的交易。另外，也常常（但并不总是）拥有复杂（难以描述）的维度。同时，至少就本文中提到过的部分交易而言，棘手交易是能通过转嫁（以成本加成或其他方式）或者摆脱法律责任（可能以破产的方式）相对容易地收回成本的交易。

自然垄断的治理便是一种棘手交易（Williamson，1976；Goldberg，1976）。而对于健康及安全商品交易的治理更是如此——尤其是客户或工人不知情、风险已有一段时间的积累、声誉效应薄弱的交易（镇静剂、甲基苄肼类药物以及石膏都是实例）。

国防采购也面临相似的问题。政府的选项之一是自给自足，然而，除非在极其特殊的情况下（如第二次世界大战的"曼哈顿计划"），否则政府极少采用这一选项。政府在管理生产（与早期研究相对）时的激励赤字（incentive deficit）是巨大的，而逐步淘汰政府设施（如军火库）

也是一个非常痛苦的政治运动。

尽管对外采购会产生比较优势，但对特定武器的采购却常常被自然垄断的问题所困扰：因为没有那么多合格的供应商可以互相竞争。而专用性投资和相关的干中学理论（人力资产专用性）则迅速将这些关系转换为了双边依赖的关系。此外，负责管理契约的甲方代表常与乙方建立起一种相互理解的关系，而且，成本加成契约（如果不是法律上的，就是事实上的）常常在发生变动时或发生严重审计问题时出现（并需要进行重新谈判）。一种准管制关系因此诞生，并往往导致一种类似于俘获（capture）的结果。

许多医疗类交易也有棘手交易的特点——因为这类交易（1）在该契约关系中，医生比病人有更大的信息优势（Arrow，1963）；（2）非常复杂；（3）（契约）可被价格转移（pass-through）破坏。

关于第三点，罗宾逊曾将 20 世纪 20 年代至 80 年代间医生和医院的关系形容为"医生的工作室"，且"对社区医院的有效控制取决于医生自身"（Robinson，1996，p. 5）。这种关系虽然持续了很长一段时间，但也为其自身的消亡埋下了种子："当医疗保险和医疗援助计划放松了以特定价格提供特定医疗服务的金钱底线后，在医疗队伍中占据主导地位的手术医生掌握了临床诊断自主权和事实上的预算控制权，这（在美国）导致了医院借机牟取暴利"（Robinson，1996，p. 6）。鉴于价格转移所带来的管制放松，医疗保险的成本不断上升。而尝试设计一个更有效的治理结构来应对这一情况，则解释了目前正在医疗保险组织中上演的各种故事。[1]

非营利组织则是另一种复杂的组织形式。它常常受信息不对称所困扰，且有时也受到价格转移效应的破坏。汉斯曼恩（Hansmann，1980）、詹姆斯（James，1987）以及苏姗·罗斯-阿克曼（Susan Rose-Ackerman，1996）都对与之相关的大量案例进行过研究。但到目前为

---

[1] 就这一点，罗宾逊曾评论道："利用、强度、花费的螺旋上升，通过被称为'管理式医疗'的方式导致了支付方的强烈不满。存在于医院与潜在病患之间的不再是医生，而是医疗计划……虽然病人毫无疑问会支持费用更低的管理式医疗计划，但由医生-医院关系构筑而成的传统医疗体系却正濒临崩溃"（Robinson，1996，第 6 页）。

止，我们还没尝试过以交易成本经济学的方式研究非营利组织——其中的部分原因是这个过程实在过于复杂。

(d) 非正式组织。

对"非正式组织"的研究对组织的学习者而言是一个持续的挑战。因此，尽管巴纳德（Barnard，1938）早就对非正式组织的重要性做出了重要的强调，并讨论了其赖以工作的机制，我们对非正式组织的了解仍停留在初级阶段（Kreps，1990）。西蒙（Simon，1991）断言道，对身份和顺从（identity and docility）的考虑固然重要，但这些观点需要被考虑得更加周全。在这一点上氛围经济学（economics of atmosphere）（Williamson，1996，pp. 270-272）也是同样不成熟的。

6. 结语

我们目前对新制度经济学以及组织经济学的兴趣蕴含了无限变化的可能。自从20世纪70年代起，制度经济学便一直被归于经济学思想的范畴，而且除了在国家层面（属于比较经济系统），对比较经济组织的研究都是其他社会科学家的任务——如社会学家、政治科学家或是组织理论家。于1974年举行的"内部组织经济学"会议帮助内部组织在经济学研究议程①上取得了一席之地，并且内部组织经济学一直持续发展至今。对制度经济学的研究兴趣已经再度兴起，正如马修斯（Matthews）在其于1986年对皇家经济学会的发言中所提到的，新制度经济学已经成为"经济学研究中最活跃的领域之一"（Matthews，1986，p. 903）②。

交易成本经济学与新制度经济学及组织活动都有关系。正如本文所述，交易成本经济学（1）是一项跨学科研究，涵盖了法律、经济、组织理论等多个领域，而经济学则是其中最为突出的科目；（2）比较制度分析的实践，以节约为主要课题，以交易和治理的细节为行动要点；（3）它产生了大量可证伪的含义，且都已得到广泛的数据证实，必定还

---

① 因此次会议而诞生的论文——作者包括肯尼斯·阿罗、斯特克·布曼、莱昂尼德·赫维奇、哈维·莱宾斯坦、詹姆斯·莫里斯、约瑟夫·斯蒂格利茨、威廉姆森、沃希特、哈里斯以及罗伯特·威尔森——在《贝尔经济学期刊》（*Bell Journal of Economics*，1975，1976）上连续见刊数期。

② 另外可参见 Menard（1996）。

对公共政策产生了许多影响。交易成本经济学的大部分工作都可被传统经济学吸纳，而这正在发生，但新的问题和挑战总会不断出现。可以预期，在未来交易成本经济学与支撑其发展的各个领域（如法律、经济、组织）之间仍将存在积极的互动（Kreps，1996；Williamson，1993a，1993b，1996b）。

参考文献

Alchian，Armen，and Harold Demsetz. 1972. "Production，Information Costs，and Economic Organization." *American Economic Review*，62，pp. 777–795.

Aoki，Masahiko. 1990. "Toward an Economic Model of the Japanese Firm." *Journal of Economic Literature*，28，pp. 1–27.

Arrow，Kenneth J. 1963. "Uncertainty and the Welfare Economics of Medical Care." *American Economic Review*，53，pp. 941–973.

Arrow，Kenneth J. 1969. "The Organization of Economic Activity：Issues Pertinent to the Choice of Market Versus Nonmarket Allocation." In *The Analysis and Evaluation of Public Expenditure：The PPB System*，1，U. S. Joint Economic Committee，91st Cong.，1st Sess. Washington，DC，US Government：Printing Office，pp. 59–73.

Arrow，Kenneth J. 1987. "Reflections on the Essays." In：George Feiwel（ed.），*Arrow and the Foundations of the Theory of Economic Policy*，New York：New York University Press，pp. 727–734.

Arrow，Kenneth J.. 1989. "Competing Technologies，Increasing Returns，and Lock-in by Historical Events." *Economic Journal*，99，pp. 116–131.

Bain，Joe. 1968. *Industrial Organization*. New York：Wiley.

Baker，George，Robert Gibbons，and Kevin Murphy. 1997. "Implicit Contracts and the Theory of the Firm." Unpublished manuscript.

Barnard，Chester. 1938. *The Functions of the Executive*. Cambridge：MA，Harvard University Press.

Barnett, W. , and G. Carroll. 1993. "How Institutional Constraints Affected the Organization of the Early American Telephone Industry. " *Journal of Law, Economics, and Organization*, 9, pp. 98–126.

Ben-Ner, Avner, and Theresa Van Hoomissen. 1991. "Nonprofit Organizations in the Mixed Economy. " *Annals of Public and Cooperative Economics*, 62, pp. 519–550.

Bromley, Daniel. 1989. *Economic Interest and Institutions.* New York: Basil Blackwell.

Buchanan, James. 1975. "A Contractarian Paradigm for Applying Economic Theory. " *American Economic Review*, 65, pp. 225–230.

Chandler, Alfred D. Jr. 1962. *Strategy and Structure*, Cambridge, MA: MIT Press.

Coase, Ronald H. 1937. "The Nature of the Firm," *Economica N. S. , 4*, pp. 386–405. Reprinted in G. J. Stigler and K. E. Boulding (eds.), *Readings in Price Theory*, Homewood, IL: Richard D. Irwin.

Coase, Ronald H. 1959. "The Federal Communications Commission. " *Journal of Law and Economics*, 2, pp. 1–40.

Coase, Ronald H. 1960. "The Problem of Social Cost. " *Journal of Law and Economics*, 3, pp. 1–44.

Coase, Ronald H. 1964. "The Regulated Industries: Discussion. " *American Economic Review*, 54, pp. 194–197.

Coase, Ronald H. 1972. "Industrial Organization: A Proposal for Research. " In V. R. Fuchs (ed.), *Policy Issues and Research Opportunities in Industrial Organization.* New York: National Bureau of Economic Research, pp. 59–73.

Coase, Ronald H. 1978. "Economics and Contiguous Disciplines. " *Journal of Legal Studies*, 7, pp. 201–211.

Coase, Ronald H. 1984. "The New Institutional Economics. " *Journal of Institutional and Theoretical Economics*, 140, pp. 229–231.

Coase, Ronald H. 1992. "The Institutional Structure of Production." *American Economic Review*, 82, pp. 713−719.

Commons, John, R. 1932. "The Problem of Correlating Law, Economics and Ethics." *Wisconsin Law Review*, 8, pp. 3−26.

Cosmides, Leda, and John Tooby. 1996. "Are Humans Good Intuitive Statisticians After All?" *Cognition*, 58, pp. 1−73.

Crocker, Keith, and Scott Masten. 1996. "Regulation and Administered Contracts Revisited: Lessonsfrom Transaction Cost Economics for Public Utility Regulation." *Journal of Regulatory Economics*, 8, pp. 5−39.

Cyert, Richard, and James March. 1963. *A Behavioral Theory of the Firm*, Englewood Cliffs, NJ: Prentice-Hall.

David, Paul 1985. "Clio in the Economics of QWERTY." *American Economic Review*, 75, pp. 332−337.

Davis, Lance, and Douglass North. 1971. *Institutional Change and American Economic Growth*. Cambridge: Cambridge University Press.

Debreu, Gerard. 1959. *Theory of Value*. New York: John Wiley and Sons.

Demsetz, Harold. 1967. "Toward a Theory of Property Rights." *American Economic Review*, 57, pp. 347−359.

Demsetz, Harold. 1969. "Information and Efficiency: Another Viewpoint." *Journal of Law and Economics*, 12, pp. 1−22.

Dixit, Avinash. 1996. *The Making of Economic Policy: A Transaction Cost Politics Perspective*. Cambridge: MIT Press.

Dosi, Giovanni. 1988. "Sources, Procedures, and Microeconomic Effects of Innovation," *Journal of Economic Literature*, 26, pp. 1120−1171.

Elster, Jon. 1994. "Arguing and Bargaining in Two Constituent

Assemblies. " Unpublished manuscript.

Farnsworth, E. Allan. 1990. *Farnsworth on Contracts*, 1. Boston: Little-Brown.

Fischer, Stanley. 1977. "Long-term Contracting, Sticky Prices, and Monetary Policy: Comment. " *Journal of Monetary Economics*, 3, pp. 317−324.

Fogel, Robert William, and Stanley L. Engerman. 1971. *The Reinterpretation of American Economic History*. New York: Harper and Row.

Fogel, Robert William, and Stanley L. Engerman. 1974. *Time on the Cross: The Economics of American Negro Slavery*. Boston: Little-Brown.

Fogel, Robert William, and Stanley L. Engerman. 1992. *Without Consent or Contract: The Rise and Fall of American Slavery*. New York: Norton.

Furubotn, Eirik, and Rudolf Richter. 1991. "The New Institutional Economics: An Assessment. " In E. Furubotn and R. Richter (eds.), *The New Institutional Economics*. College Station, TX, Texas A&M University Press, pp. 1−32.

Galanter, Marc. 1981. "Justice in Many Rooms: Courts, Private Ordering, and Indigenous Law. " *Journal of Legal Pluralism*, 19, pp. 1−47.

Georgescu-Roegen, N. 1971. *The Entropy Law and Economic Process*. Cambridge, MA: Harvard University Press.

Goldberg, Victor. 1976. "Regulation and Administered Contracts. " *Bell Journal of Economics*, 7, pp. 426−452.

Granovetter, Mark. 1985. "Economic Action and Social Structure: The Problem of Embeddedness. " *American Journal of Sociology*, 91, pp. 481−501.

Grossman, Sanford, and Oliver Hart. 1986. "The Costs and Benefits of Ownership: A Theory of Vertical and Leteral Integration." *Journal of Political Economy*, 94, pp. 691-719.

Hannan, Michael T. , and John Freeman. 1977. "The Population Ecology of Organizations." *American Journal of Sociology*, 82, pp. 929-964.

Hansmann, Henry. 1980. "The Role of Nonprofit Enterprise." *Yale Law Journal*, 89, pp. 835-901.

Hart, Oliver. 1995. *Firms, Contracts, and Financial Structure*. New York: Oxford University Press.

Hayek, Friedrich, 1945, "The Use of Knowledge in Society," *American Economic Review*, 35, pp. 519-530.

Henisz, Witold. 1996. "A Case Study of the Institutions and Governance of Economic Reform: New Zealand's State Owned Enterprises." Unpublished manuscript.

Hennipman, Pieter. 1995. *Welfare Economics and the Theory of Economic Policy*. Brookfield, VT: Edward Elgar.

Holmstrom, Bengt. 1979. "Moral Hazard and Observability." *Bell Journal of Economics*, 10, pp. 74-91.

Holmstrom, Bengt. 1996. "The Firm as a Subeconomy." Unpublished manuscript.

Holmstrom, Bengt, and Paul Milgrom. 1991. "Multi-task Principal-Agent Analysis." *Journal of Law, Economics, and Organization*, 7, pp. 24-52.

Huntington, Samuel. P. 1996. *The Clash of Civilizations and the Remaking of World Order*. New York: Simon and Schuster.

Hurst, J. W. 1964. *Law and Economic Growth: The Legal History of the Lumber Industry in Wisconsin, 1836—1915*. Madison: University of Wisconsin Press.

James, Estelle. 1987. "The Nonprofit Sector in Comparative Perspective." In: Walter Powell (ed.), *The Nonprofit Sector*. New Haven: Yale University Press, pp. 397-415.

Joskow, Paul. 1991. "The Role of Transaction Cost Economics in Antitrust and Public Utility Regulatory Policies." *Journal of Law, Economics, and Organization*, 7, pp. 53-83.

Klein, Benjamin, R. A. Crawford, and A. A. Alchian. 1978. "Vertical Integration, Appropriable Rents, and the Competitive Contracting Process." *Journal of Law and Economics*, 21, pp. 297-326.

Kreps, David. 1990. "Corporate Culture and Economic Theory." In: James Alt and Kenneth Shepsle (eds.), *Perspectives on Positive Political Economy*. Cambridge: Cambridge University Press, pp. 90-143.

Kreps, David. 1996. "Markets and Hierarchies and Mathematical Economic Theory." *Industrial and Corporate Change*, 5, pp. 561-596.

Kuhn, Thomas S. 1970. *The Structure of Scientific Revolutions*, 2nd ed., Chicago, University of Chicago Press.

Levy, Brian, and Pablo Spiller. 1994. "The Institutional Foundations of Regulatory Commitment." *Journal of Law, Economics, and Organization*, 10, pp. 201-246.

Lewis, Tracy. 1983. "Preemption, Divestiture, and Forward Contracting in a Market Dominated by a Single Firm." *American Economic Review*, 73, pp. 1092-1101.

Llewellyn, Karl N. 1931. "What Price Contract? An Essay in Perspective." *Yale Law Journal*, 40, pp. 704-751.

Lyons, Bruce. 1996. "Empirical Relevance of Efficient Contract Theory: Inter-firm Contracts." *Oxford Review of Economic Policy*, 12, pp. 27-52.

Macneil, Ian R. 1974. "The Many Futures of Contracts." *South-*

ern California Law Review, 47, pp. 691−816.

Macneil, Ian R. 1978. "Contracts, Adjustments of Long-term Economic Relations Under Classical, Neo-classical, and Relational Contract Law." *Northwestern University Law Review*, 72, pp. 854−906.

Mahoney, Joseph, and Rajendran Pandian. 1992. "The Resource-based View within the Conversation of Strategic Management." *Strategic Management Journal*, 13, pp. 363−380.

March, James G., and Herbert A. Simon. 1958. *Organizations*. New York: John Wiley and Sons.

Maskin, Eric, and Jean Tirole. 1997. "Unforeseen Contingencies, Property Rights, and Incomplete Contracts." Unpublished manuscript.

Masten, Scott. 1995. "Introduction to Vol. II." In: Oliver Williamson and Scott Masten (eds.), *Transaction Cost Economics*. Brookfield, VT: Edward Elgar.

Matthews, R. C. O. 1986. "The Economics of Institutions and the Sources of Economic Growth." *Economic Journal*, 96, pp. 903−918.

Michels, Robert. 1966. *Political Parties*. Glencoe, IL, Free Press.

Moe, Terry. 1984. "The New Economics of Organization." *American Journal of Political Science*, 28, pp. 739−777.

Moe, Terry. 1990. "The Politics of Structural Choice: Toward a Theory of Public Bureaucracy." In Oliver Williamson (ed.), *Organization Theory*. New York: Oxford University Press, pp. 116−153.

Nee, Victor. 1997. "Embeddedness and Beyond." In Mary Brinton and Victor Nee (eds.), *The New Institutionalism in Sociology*. New York, Russell Sage.

Nelson, Richard, and Sidney Winter. 1982. *An Evolutionary Theory of Economic Change*. Cambridge: MA, Harvard University Press.

Nickerson, Jackson A. 1997. "Toward and Economizing Theory of Strategy: The Choice of Strategic Position, Assets, and Organizational Form." University of California, Berkeley, unpublished Ph D. dissertation.

North, Douglass. 1981. *Structure and Change in Economic History*. New York, Norton.

North, Douglass. 1984. "Transaction Costs, Institutions, and Economic History." *Journal of Institutional and Theoretical Economics*, 140, pp. 7−17.

North, Douglass. 1990. "A Transaction Cost Theory of Politics." *Journal of Theoretical Politics*, 2, pp. 355−367.

North, Douglass. 1991. "Institutions." *Journal of Economic Perspectives*, 5, pp. 97−112.

North, Douglass. 1994. "Economic Performance Through Time." *American Economic Review*, 84, pp. 357−368.

North, Douglass, and Barry Weingast. 1989. "Constitutions and Commitment: The Evolution of Institutions Governing Public Choice in 17th Century England." *Journal of Economic History*, 49, pp. 803−832.

Olson, Mancur. 1996. "Big Bills Left on the Sidewalk: Why Some Nations Are Rich, and Others Are Poor." *Journal of Economic Perspectives*, 10, pp. 3−24.

Priest, George. 1993. "The Origins of Utility Regulation and the 'Theories of Regulation' Debate." *Journal of Law and Economics*, 36, pp. 289−323.

Putnam, Robert D. , Robert Leonardi, and Rafaella Y. Nanetti. 1993. *Making Democracy Work: Civic Traditions in Modern Italy*. Princeton, NJ: Princeton University Press.

Robinson, James. 1996. "Physician-Hospital Integration and the Economic Theory of the Firm." Unpublished manuscript, School of

Public Health, University of California, Berkeley.

Rose-Ackerman, Susan. 1996. "Altruism, Nonprofits, and Economic Theory." *Journal of Economic Literature*, 34, pp. 701-728.

Rosenberg, Nathan, and L. E. Birdzell. 1986. *How the West Grew Rich: The Transformation of the Industrial World*, New York, Basic Books.

Rubin, Edward. 1996. "The Phenomenology of Contract." *Journal of Institutional and Theoretical Economics*, 152, pp. 123-139.

Samuels, Warren J. 1988. *Institutional Economics* (3 vols.). Aldershot: Edward Elgar.

Schlegel, John Henry. 1979. "American Legal Realism and Empirical Science: From The Yale Experience." *Buffalo Law Review*, 29, pp. 195-323.

Schultz, George. 1995. "Economics in Action." *American Economic Review*, 85, pp. 1-8.

Scott, Kenneth. 1996. "The Evolving Roles of Contract Law." *Journal of Institutional and Theoretical Economics*, 152, pp. 55-58.

Shelanski, Howard, and Peter Klein. 1995. "Empirical Research in Transaction Cost Economics: A Review and Assessment." *Journal of Law, Economics, and Organization*, 11, pp. 335-361.

Simon, Herbert. 1985. "Human Nature in Politics: The Dialogue of Psychology with Political Science." *American Political Science Review*, 79, pp. 293-304.

Simon, Herbert. 1991. "Organizations and Markets." *Journal of Economic Perspectives*, 5, pp. 25-44.

Smith, Vernon. 1994. "Economics in the Laboratory." *Journal of Economic Perspectives*, 8, pp. 113-131.

Stigler, George J. 1983. Comments in: Edmund W. Kitch (ed.), "The Fire of Truth: A Remembrance of Law and Economics at Chicago." *Journal of Law & Economics*, pp. 163-234.

Stigler, George J. 1988. "Palgrave's Dictionary of Economics," *Journal of Economic Literature*, 26, pp. 1729-1736.

Stigler, George J. 1992. "Law or Economics?" *Journal of Law and Economics*, 35, pp. 455-468.

Summers, Clyde. 1969. "Collective Agreements and the Law of Contracts." *Yale Law Journal*, 78, pp. 537-575.

Teece, David J., Gary Pisano, and Amy Shuen. 1996. "Dynamic Capabilities and Strategic Management." *Strategic Management Journal*, 17, pp. xx-yy.

Teece, David J., Gary Pisano, and Amy Shuen, Richard Rumelt, Giovanni Dosi, and Sidney Winter. 1993. "Understanding Corporate Coherence." *Journal of Economic Behavior and Organization*, 22, pp. 1-30.

Thompson, James D. 1967. *Organizations in Action*. New York: McGraw-Hill.

Tullock, Gordon. 1996. "Legal Heresy: President's Address to the Western Economic Association." *Economic Inquiry*, 34, pp. 1-9.

Williamson, Oliver. 1971. "The Vertical Integration of Production: Market Failure Considerations." *American Economic Review*, 61, pp. 112-123.

Williamson, Oliver. 1975. *Markets and Hierarchies: Analysis and Antitrust Implications*. New York, Free Press.

Williamson, Oliver. 1976. "Franchise Bidding for Natural Monopolies—In General and with Respect to CATV." *Bell Journal of Economics*, 7, pp. 73-104.

Williamson, Oliver. 1979. "Transaction Cost Economics: The Governance of Contractual Relations." *Journal of Law and Economics*, 22, pp. 233-261.

Williamson, Oliver. 1985. *The Economics Institutions of Capitalism*. New York: Free Press.

Williamson, Oliver. 1991a. "Comparative Economic Organization: The Analysis of Discrete Structural Alternatives," *Administrative Science Quarterly*, 36, pp. 269-296.

Williamson, Oliver. 1991b. "Strategizing, Economizing, and Economic Organization." *Strategic Management Journal*, 12, pp. 75-94.

Williamson, Oliver. 1993a. "Calculativeness, Trust, and Economic Organization." *Journal of Law and Economics*, 36, pp. 453-486.

Williamson, Oliver. 1993b. "Transaction Cost Economics Meets Posnerian Law and Economics," *Journal of Institutional and Theoretical Economics*, 149, pp. 99-118.

Williamson, Oliver. 1996a. *The Mechanisms of Governance*. New York: Oxford University Press.

Williamson, Oliver. 1996b. "Revisiting Legal Realism: The Law, Economics, and Organization Perspective." *Industrial and Corporate Change*, 5, pp. 383-420.

Williamson, Oliver. 1997. "Public and Private Bureaus." Unpublished manuscript.

Williamson, Oliver, and Scott Masten. 1995, *Transaction Cost Economics*. Brookfield, VT: Edward Elgar.

Wilson, James Q. 1989. *Bureaucracy*. New York: Basic Books.

新制度经济学：盘点与前瞻[*]

1. 介绍

在文章的开头，我想先谈谈我的三个观点。第一，目前我们对于制度仍然知之甚少；第二，在过去的 25 年里，我们对制度的研究取得了巨大的进步；第三，在等待一个统一的制度理论出现的同时，我们应该接受多元的理论。

我们对制度了解得很少，最主要的原因是制度本身很复杂。此外，新古典经济学并没有研究制度因素，并且许多缺乏科学抱负的组织理论也没有做出贡献。这些原因都导致了人们对制度的忽视。关于我们在制度研究方面取得的进步，本文将用大部分篇幅来讨论。关于如何研究错综复杂的制度，人们提出了很多具有指导意义的方法。然而，接受多元的理论是我们进一步认识制度的关键。

就我个人而言，我赞同乔恩·埃尔斯特（Jon Elster，1994，p. 75）的观点。他认为在现阶段的研究中，我们应该主要关注局部机制，而不是对一般性理论的研究。然而，当我们想起被英国历史学家阿克顿爵士

---

* 这篇文章首次发表于 1999 年 9 月的国际新制度经济学第三次年会上，当时我当选了下届会长。我在这里获得了很多有用的评论建议，在此对本·霍姆斯特罗姆（Bengt Holm-strom）和约翰·麦克米兰（John McMillan）表示感谢。

原文 "The New Institutional Economics：Taking Stock, Looking Ahead"，载于 *Journal of Economic Literature*，Vol. XXXVIII，2000，pp. 595—613。

(Lord Acton) 称为"看似合理的谬误"（splendid plausibility of error)[①] 的时候，我们需要从过去的理论中将"好的"理论与"坏的"理论区分开来。要做到这一点，就要求这些理论可以推导出可供数据证伪的含义。

1986 年，马修斯（R. C. O. Matthews）在其作为英国皇家经济学会主席时所发表的演讲中指出："制度经济学已经成为经济学中最活跃的领域之一（Matthews，1986，p. 903）"。这个观点在当时震惊了很多经济学家。制度经济学不是一直受人贬低并且被列为过时的经济思想吗？那么为什么马修斯还说它很活跃？

马修斯的回答是，新制度经济学提出了两个命题。其一，"制度很重要"；其二，"制度的决定因素可以用经济学理论工具来分析"（Matthews，1986，p. 903）。所有的制度经济学家——不管新制度经济学家，还是旧制度经济学家——都一致认为制度很重要，然而，第二个命题却使新制度经济学变得与众不同。

的确，新旧制度经济学都接受很多相同的观点，但是作为有抱负的研究者，我们希望找到新旧制度经济学更多（的关联和不同。——编译者注）。美国经济学家肯尼斯·阿罗（Kenneth Arrow）谈到了这一新旧制度经济学的转变（Arrow，1987，p. 734）：

> 为何传统制度学派坐拥索尔斯坦·凡勃伦（Thorstein Veblen）、J. R. 康芒斯（J. R. Commons）以及 W. C. 米契尔（W. C. Mitchell）等一群有才华的分析家，却仍然遭受了惨痛的失败？（原因之一是）意义重大的专题分析更多了，尤其是与新制度经济学研究相关的分析。与此同时，新制度经济学的重点并非在于对资源分配与利用程度等传统经济学问题给出新的答案，而是在于解答新的问题——如为何经济制度会以现有方式而不是其他方式形成；它融入了经济史，且带来了空前犀利的（微分析）推理。

毫无疑问，在马修斯发表上述言论之后的 14 年里，新制度经济学的

---

① 引自丹尼尔·布尔斯汀（Daniel Boorstin，1998，p. 281）。

地位和影响力都得到了提升。起初持怀疑态度者渐渐对它尊敬起来，因为经济学家都是很务实的。经济学家可以通过针对持怀疑态度者感兴趣的现象提出一些与众不同且重要的观点，并且证明数据是支持这些观点的来引起他们对这些观点的重视。新制度经济学的发展并不是靠推导出一个包罗万象的理论，而是去探索和解释阿罗所提到的微观分析方法，并且像堆积木一样逐渐积累其研究成果，直到不能被其他经济学家所忽视。

而且，新制度经济学的发展并不会停滞。尽管制度经济学正在被纳入正统的经济学中，但是未来还会遇到新的机遇和挑战。在 21 世纪，还有许多未完成的工作要去完成，还有许多新的项目要去研究。

下面我会先简述社会分析的四个层级，然后再介绍新制度经济学提出的几个很好的思想，之后会分析新制度经济学的几个运用。最后是总结。

2. 社会分析的四个层级

图 8 中所示的社会分析的四个不同层级能够帮助我们从不同的视角看待问题。[①] 由上一层级指向下一层级的实心箭头，表示上一层级对其下一层级有约束作用。相反方向的箭头是用虚线画出来的，表示下一层级对上一层级的反馈。尽管从整体来看，这个系统的每个部分都是紧密相连的，但是我在这篇文章里不会讨论下一层级对上一层级的反馈。新制度经济学主要涉及的是第 2 层和第 3 层。

第 1 层为社会嵌入，也是社会准则、习俗、道德观念、传统等因素所在的层面。宗教也在这一层中扮演着重要的角色。尽管已有一些经济史学家和社会学家对第 1 层展开了研究（Banfield，1958；Putnam，Leonardi，and Nanetti，1993；Huntington，1996；Nee，1998），但其仍被大多数经济学家认为是无须赘言的一个层级。这一层的制度改变速度十分缓慢，通常以百年甚至千年为计。道格拉斯·诺斯对此曾提出过疑问："这些非正式的约束究竟为何会对经济的长期特性拥有如此普遍的影响？"（参见 North，1991，p. 111。）

诺斯没能解释那个令人费解的问题，我也没有这个能力。"嵌入"

---

① 这个框架首先由威廉姆森（Williamson，1998）提出。

（embeddedness）的概念在社会层面和持续的网络关系背景中都已经得到发展，可以对这些问题进行解释（Granovetter，1985）。关于文化的大量文献（DiMaggio，1994）也能够帮助回答这里的问题。尼尔·斯密尔撒（Neil Smelser）和理查德·斯威德伯格（Richard Swedberg）在《经济社会学手册》（*Handbook of Economic Sociology*）的序言中谈到了这些问题和其他相关话题。他们发现不同种类的嵌入——认知上的、文化上的、结构上的和政治上的——应该被区分开来。他们总结道，"嵌入的概念仍然需要更加理论性的细化"（Smelser and Swedberg，1994，p. 18）。

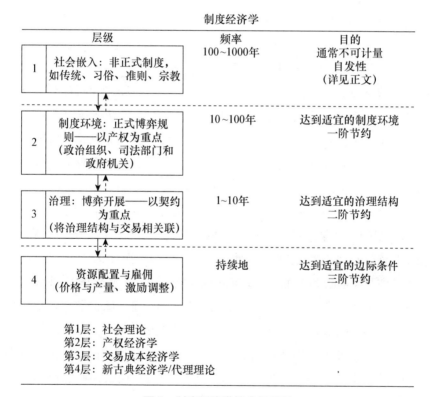

图 8　制度经济学的分析层级

搞清楚非正式制度是通过哪些机制产生和延续的，就能够很好地帮助我们理解为什么第 1 层中的制度变化缓慢。在这个关系里面，我猜想，这些非正式制度中有很多是自然产生的，换句话说，很少有经过计算的、有意而为之的选择。一旦给定了这些非正式制度的自然演化源头，这些非正式制度就将被"采用"，并表现出极大的路径依赖性——这是因为它们在社会中要么是功能性的（比如传统）；要么是有了象征性的价值，并且还有不少的信徒；要么就是广泛地与互补性制度（正式的和非正式的）联系在一起；等等。话虽如此，应运而生的这种制度却对社会运行的模式产生了持久的影响。封闭的社会通常会采取措施，使其不受"外来价值观"（alien value）的侵扰。

第 2 层被称为制度环境。这里所列的制度结构在一定程度上是自然演化的结果，但是也存在人为设计制度的时机（design opportunity）。越过第 1 层谈到的"非正式制度（处罚、禁忌、风俗、传统和行为准则）"，现在我们来谈谈"正式制度（宪法、法律、产权）"（North，1991，p. 97）。研究正式制度的目的是一阶的，即使得制度环境适宜。

按照之前的研究路径，第 2 层的设计工具包括政府在行政、立法、司法和官僚管理方面的职能，同时也包括了各级政府在权力上的划分（联邦制）。在这一层中，产权和契约法的界定和执行是其重要特征。

尽管这样的一阶优化对经济生产力的重要性是毋庸置疑的（Rosenberg and Birdzell，1986；Coase，1992；North，1994；Levy and Spiller，1994；Olson，1996；Henisz，1998），但是制度的渐进改良通常是难以受人为控制的。大规模的不满——如内战（光荣革命，North and Weingast，1989）、驻军（在第二次世界大战之后）、感知的威胁（明治维新）、解体（东欧和苏联）、军事政变（智利），或是金融危机（新西兰）——却有可能会在现存的稳定状态上撕出一道骇人的裂痕，从而打开可能引发剧烈变革的机会之窗。但这种"关键时刻"只是极其罕见的例外情况，而绝非是博弈规则的一部分。否则，规则的巨变就会以数十年或数百年的频率发生。例如，欧盟已经"存在（在计划实施中）"了五十年，但目前仍处于发展的起始阶段。

人们通常所说的实证政治经济学（Positive Political Theory，PPT）研究的是第 2 层的经济和政治影响。可以肯定的是，这些工作也为政治制度的规范性研究提供了启发，以帮助人们设计出更好的政治制度。作为新制度经济学的分支，实证政治经济学主要关注的是实证研究，目的是更好地、据实地理解社会现象的运作机制。实证政治经济学者的研究工作是非常有意义的，这些研究对政治学和新制度经济学都产生了积极的影响。

产权经济学基本属于第 2 层的范围。对产权的研究在 20 世纪 60 年代十分盛行。其中一个有力的观点是："如果不在资源中建立产权，且强制要求资源的使用者向资源的拥有者付费，私有化的系统（private-enterprise system）就根本无法正常运转。此外，如果没有一个法律系统来定义产权并仲裁争端，混沌将不会消失，政府也将不复存在"（Coase，1959，p. 12）。一旦明确了产权，并且保证了产权的执行，那么政府就可以让位了，因为资源受市场的支配被用在最有价值的地方了。

从以上简述中可以看出，产权研究文献中存在着优点和缺点。其优点在于，它引起了人们对产权的关注——它本身就应该被关注——由此，关于产权的新思考就可以用来提高人们对此的理解（Alchian，1961，1965；Coase，1959，1960；Demsetz，1967）。其缺点在于，它高估了自己的能力。比如，它认为一旦明确了产权，法律体系就可以消除混乱的局面，持这个观点的人是假定界定和执行这些权利很简单（即是不耗费成本的）。坦白讲，很多交易并不符合这一点（Coase，1960）。因此，我们需要超越博弈规则（产权），把博弈本身（契约）包括进去；这就是契约关系治理理论于 20 世纪 70 年代产生的原因。

这就把我带到了第 3 层，这是治理制度所在的层级。尽管财产的重要性毋庸置疑，但一个能够强制执行契约的完美运行的法律系统，却非真实存在的。法院的裁决是需要成本的，所以大多数契约治理和纠纷处理都直接由契约双方协商解决——通过私人秩序。因此学者们提出了契约法（复数）——而不是通用的契约法（单数）——这一术语来表述这种私人秩序（Summers，1969；Macneil，1974）。契约关系的治理就变成了分析的重点。

约翰·R. 康芒斯通过自己的观察预测到"基本的行为单位……本

身必定包含三个原则，即冲突、相关性和秩序。这一基本单位就是交易"（Commons，1932，p. 4）。交易成本经济学不仅认同交易是基本的分析单位这个说法，而且认为治理的目的就是注入秩序，从而弱化冲突，实现互利。

那么很明显，治理结构能够重塑激励。将注意力全部集中在事前激励安排上是一个片面的研究组织的方法——特别是在所有复杂契约都不可避免地是不完全的，或者适应性是经济组织最核心的问题的时候（Barnard，1938；Hayek，1945）。交易成本经济学超越了事前激励取向的传统代理理论，将其主要注意力转移到了契约的事后阶段。

这包含四个步骤：（1）确定并解释交易的主要维度，不同的交易有不同的主要维度（由此揭示不同的适应性需求）；（2）确定并解释交易的主要属性，以描述治理结构（每个治理结构都是由相关属性中的一个典型表现界定的，因此，市场制、混合制、企业制、官僚制，非营利组织等等的不同是分立结构上的不同）；（3）实现有效匹配，交易匹配治理结构，以此促进自发性适应和协调性适应；（4）确定预测路径是否符合数据检验结果。

处理这些问题时会遇到的典型难题是纵向一体化，科斯在 1937 年发表的著名论文《企业的性质》（The Nature of the Firm）中提出了这一难题。正如书中所说，在研究任何以契约问题形式出现或者能够被表述成契约问题的课题时，从交易成本方面研究是比较合适的。很多现象其实是关于同一问题的不同契约形式。我所说的二阶优化，即使得治理结构适宜，是在第 3 层中实现的。交易的治理结构的可能改变一般是周期性的——1～10 年——一般在续约的时候或者设备更新的时候再谈判。

这种对治理的分立式结构分析，需要同第 4 层区别开来——第 4 层讨论的是新古典经济学的分析方法（边际分析。——编译者注）。最优化分析工具通常是边际分析。为了利用边际分析工具，企业通常被描述为生产函数，价格和产量将根据市场条件的变化做出（或多或少的）连续调整。代理理论强调的是事前激励相容和有效风险分担，而不是事后治理。它将新古典经济学的分析推向了困境，比如关于多任务代理问题的分析（Holmstrom and Paul Milgrom，1991）。

确实，一个更早的层级（第 0 层）——演化层（evolutionary level）——的分析值得关注，思想机制在这一层中成形（Pinker，1997）。这些思想在经济学上的运用，现在正开始重塑我们对行为人的理解。我们在进化心理学和认知科学的同行在这项活动中扮演了至关重要的角色。

最后，我想引起大家对技术的重视。与技术创新相比，关于组织创新的研究就相对地被忽视了。新制度经济学尝试去改变这个状况——指导思想是："在人类真正的创新中，使用组织来达到目的的做法是人类最伟大也是最早的创新之一"（Arrow，1971，p. 224）。然而，我们无法不被技术创新所带来的深刻影响所折服（Fogel，1999）。因为技术创新和组织创新是协同发挥作用的，所以我们需要找到一个综合的方法来处理这两种创新。

3. 好的想法

新制度经济学源于正统经济学的伟大批评家们，他们认为制度不仅重要，而且可以被分析。我想把六位诺贝尔经济学奖获得者列入这些批评家之列：肯尼斯·阿罗、费里德里希·哈耶克、冈纳·缪尔达尔、赫伯特·西蒙、罗纳德·科斯和道格拉斯·诺斯——后两位是国际新制度经济学学会最早的两位主席。除了这些人之外，还有其他批评家。阿尔钦是个很有影响力的人物。对于组织理论的研究也产生了很大的影响，特别是在卡内基梅隆大学完成的研究（切斯特·巴纳德在他更早期的作品中预测到了某些研究领域）；在那里，理查德·希尔特和詹姆斯·马奇与西蒙齐名。艾尔弗雷德·钱德勒（Alfred Chandler）在商业历史方面所做的研究也具有开创性意义。法律（特别是契约法）方面的研究者也做出了贡献，其中包括卡尔·卢埃林、斯图尔特·麦考利（Stewart Macaulay）、朗·富勒（Lon Fuller）和伊恩·麦克尼尔。约翰·R. 康芒斯也为制度经济学的研究带来了原创性的重要想法。德国历史学派也很关注相关想法（Erik Furubotn and Rudolf Richter，1997，pp. 34 - 35）。

下面列出了和新制度经济学相关的几个好想法：

行为人。 如果"相对于我们所研究的人类行为本身的特点而言，设定研究议程和形成我们的研究方法要更具基础性"（Simon，1985，p. 303），那么，社会科学家将不得不回答什么是行为人的关键特征。人类认知条件和自利也要解释清楚。

在有限认知能力方面，新制度经济学内部有着近乎一致的看法——通常被称为有限理性（bounded rationality）。由于理性是稀缺资源，认知专业化就能节约成本。并且，考虑到认知的局限性，我之前提到的复杂契约就不可避免地是不完全的。尽管大家几乎一致认为完全契约是不可能的，但是在关于不完全契约建模方法上还是存在分歧；其中，关于有限理性的定义和操作上的分歧是主要的障碍（Rubinstein，1998；Kreps，1999）。

当把契约的不完全性和机会主义放在一起的时候，前者就会产生更多的问题，这些问题表现为逆向选择、道德风险、推卸责任、追求次要目标以及其他形式的策略性行为。在被要求说出真实情况的时候，行为人并不可靠，也不会自我履行所有承诺；所以契约变成了口头诺言，没有了可信承诺的支撑，契约就无法自我兑现。

如果没有机会主义，法庭只需要要求证人"告诉我们你所知晓的并且跟我们的决定相关的一切"。然而，这并不是获得证词的正确方法。证人会被要求发誓"说实话，说出所有的事实，只说实话"：绝不撒谎，绝不隐瞒，绝不误导。此外，因为誓言本身无法自我兑现，所以需要对做伪证进行处罚以提醒证人：说谎是要付出代价的。

行为人的第三个特征也有必要谈一谈。这个特征是有意识的预见能力（capacity for conscious foresight）。确实，正如理查德·道金斯所言，这是"通过想象模拟未来的能力……能够帮助我们免于盲目复制带来的最坏结果"（Dawkins，1976，p. 200）。如果契约中的各方向前看，识别出潜在风险，认识到契约的后果，并且把这些都融入事后契约关系中，那么相比那些目光短浅、冒险和碰运气的人，前者显然更具有优势。契约关系的治理——康芒斯三原则（我在前面提到过）：冲突、相关性和秩序——是作为核心被涉及的。

可行性。新制度经济学的研究者避免理想化的假设——比如全知、仁慈、零交易成本、完全可信等类似的假设——取而代之的是研究有缺陷的、可行的、可组织的替代者。科斯（Coase，1964）和德姆塞茨（Demsetz，1969）是最早一批对出现在"市场失灵"文献中的不对称标准——市场是到处存在问题的（市场失灵），而政府是"全知全能的、仁慈的"（Dixit，1996，p. 8），并且政府会采取有效补救措施来纠正市场失灵——提出异议的学者。正如我们已经认识到的（但是需要被提醒）那样，所有可行的组织形式，包括政府在内，都是有缺陷的。[①]

我在这里所说的可修复性准则是用来修正这个不对称事态的。可修复性准则表述为：如果人们找不到一个比现有组织模式更可行的替代组织模式，并且不能实现预期的净收益，那么现有的组织模式就应被看作有效的。

可以肯定的是，当分析者不再因为现有模式与假设的理想情况发生偏离而对它们进行批判时，公共政策分析就变得更加复杂了。可修复性准则要求公共政策的分析者提出一个更可行的替代模式。然而，分析者所提出来的替代模式在实施时会产生成本，那么这个成本就会在计算净收益的时候适当地体现出来。这对路径依赖理论产生了很大的影响。最后，需要谈谈反驳该效率推断的理由，这就涉及了政治学（Williamson，1996，1999）。当没有人反驳该效率推断时，可修复性准则时刻提醒我们一个显而易见的道理：在竭尽全力之后，再做出更好的结果是不可能的。

企业和官僚体系。除了西蒙提到的人类的本质，我们还必须了解"企业的本质"。科斯于1937年写下了经典论文《企业的性质》，新制度经济学从中获得了很多启发。阿罗谈到了企业理论的重要性，以及长期存在的误解："任何标准的经济学理论，不仅仅是新古典经济学，都是开始于对企业存在性的研究。在通常情况下，企业是一个点或者至少是一个黑箱……但企业显然不是一个点，它有着自己的内部结构；并且由于某种原因，这个内部结构必须产生"（Arrow，1999，p. vii）。

将企业视为生产函数（技术建构）分析起来很方便（有时候也很合

---

① 迪克西特（Dixit，1996）建议早期公共财政研究传统也要考虑政府失灵。

理），但我们需要突破这个概念——将企业视为一个治理结构（组织建构），它的内部结构都是有特定经济目的和作用的。更一般地来说，这需要识别和解释其他治理结构的特点——现货市场、不完全的长期契约、企业、官僚体系等——这些分立的治理结构具有不同的特征。因为每一种治理结构都有其独特的优点和缺点，所以每种治理结构都有其可取的地方，但又只能适用于自己的领域。我之前提到的有效匹配的逻辑可以用在这里。

图9[①]（k代表契约风险，s代表保障措施）是具有启发性的，我们通过图9中的一系列变化可看出，治理结构的选择从市场制转向了层级制。这可以理解为从简单到复杂的变化。然后，我们从自主缔约（这在法律和经济学上都是理想的交易方式）开始："交易之初达成明确的共识，交易之末实现明确的效果"（Macneil，1974，p. 738）。然而当契约风险出现的时候，这个离散的交易范式会遭遇阻力。比如，法庭没有能力判定什么是交易双方之间的共识，这就有可能引起（从企业间转向企业内部的）组织变化（Williamson，1975，p. 30）。契约风险的其他来源包括双边依赖（由于资产专用性）、弱产权（尤其是知识产权）、质

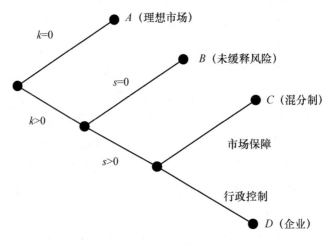

图9　简单缔约模式

---

① 图9的一种变体最早出现于我的论文中，见于《公共和私人官僚制》（Public and Private Bureaucracies，1999）。

量信息不透明、不良的健康状况、安全隐患以及弄虚作假等。这些风险会破坏契约的完全性，也会导致契约关系陷入僵局、不适应以及投资扭曲。与其他类似情况一样，效率低下会自动引出解决办法，即能够有效降低风险的额外治理结构将会出现。

从简单向更复杂的治理结构过渡时，将需要增加额外的保障机制，这会减少激励强度，并导致额外的官僚主义成本。从简单（分立的）契约到复杂（不完全的、长期的）契约的变化具有一系列特征：契约的期限变长了，为防止违约而制定的惩罚措施出现了，还出现了（额外）信息披露和处理的条款，专门的纠纷处理机制也出现了。当交易被移出市场并置于统一所有权（企业）之下后，一些额外机制——使用层级制来实现协调，并用命令解决纠纷——就会被引入。由于额外制度的遵守以及其保障措施通常都需要付出一定的成本，因此更复杂的治理结构只适用于那些契约风险难以对付的交易。在这个发展过程中，政府公共部门可以被看作最后的组织形式：在尝试现货市场、不完全长期契约、企业和规章制度之后，当这些组织形式都失效的时候（相比较而言），最后再使用政府公共部门。要注意的是，人们一般会对政府公共部门抱有消极的态度——因为政府公共部门的激励强度更低，规章制度更多，并且比企业有更强的就业保障——这完全是不得要领的；因为这些特点是被精心设计到政府公共部门中的，从而使其更适合管理某些交易①（通常是特别难对付的）。当然，还是需要警惕政府公共部门（治理结构。——编译者注）被"过度使用"（overused）。

如果交易成本经济学（能够解释。——编译者注）从几个关键主题上衍生出的不同形式的变体问题，那么原本被设计出来用以解释中间产品市场的契约关系的治理模式的图9，也应该（以不同形式）可以被用于解释其他类型的交易。情况确实是这样。对图9中的四个结点的解释可以参考上面对中间产品交易（的解释。——编译者注），这样它也可

---

① 这是一个反复出现的主题，不仅出现在交易费用经济学领域，而且是代理理论的一部分。可以参考霍姆斯特罗姆（Holmstrom，1989）以及霍姆斯特罗姆和米尔格罗姆（Holmstrom and Milgrom，1991，1994）的文章，它们讨论了公司里弱激励的好处。

以被用于解释最终产品市场和政府采购交易。

在最终产品市场的交易中，个体消费者是买家，这些交易相似却不同。点 A 的交易是一般性的，并且是被竞争性地组织起来的。点 B 的交易很少见。点 B 表示的交易就像是"巴纳姆"（Barnum）类型的交易——每时每刻都有新的交易者愿意进入这种有风险的交易——或者其他类型的不可信的交易。点 C 代表了可信承诺，品牌声誉效应和产品质量保证（在交易中）出现了；对于一些自然垄断的交易，政府管理起到了相似的作用。点 D 基本上是一个空集，因为尽管集体组织（消费者组织）可以用来管理一些交易，但是规模经济和专业化对消费者的自给自足产生了阻碍。（很多家庭服务可以被看成是自给自足的，但很少能够很好地融入这个模式中的。）

政府采购交易很相似但却不一样。点 A 代表了一般交易，这种交易有烦琐的技术规范。很少有政府交易采用点 B 那种类型。点 C 的信任机制包括了复杂的"受管理的缔约"（administered contracting）机制，就像国防采购那样（然而，这种交易有时会因政府部门和私人供应商之间的利益相关性而变质）。点 D 代表了政府公共部门，由于正直的作风或者政治原因，政府会亲自对交易进行管理。

图 9 模式的其他应用包括了雇佣关系（Baron and Kreps，1999，第 4 章）和公司财务（在债权和股权之间的选择）。另外一些交易，比如结盟和合资，会带来不平衡缔约（disequilibrium contracting）的问题（Williamson，1991），这就不是图 9 模式能够解释的了。

可操作化。 很多好的想法一开始被说成是套套逻辑，科斯把它戏称为"一个明显是正确的命题"（Coase，1998，p. 19）。由于好的套套逻辑能够扩展思维，并且很难获得，因此它们值得我们重视。然而，为了避免陷入卫斯理·米契尔（Wesley Mitchell）曾经提到的投机（speculation）[①]——这是旧制度经济学和美国法律现实主义运动（American

---

[①] "投机性的理论可以被快速地设计出来，这是因为它们不需要经济学家们来收集和分析大量数据，检验假设是否符合事实，排除不合理假设，然后再提出新的假设进行检验。（可能）直到最后终于出现了一个真实有效的理论"（Mitchell，1945，p. 2）。

Legal Realism movement）难以摆脱的命运——我们需要问两个问题：所提出的理论是通过什么样的机制起作用的？（由该理论推导出的）可证伪的含义是什么？

若想要给好想法赋予可操作性，我们需要从两个方面努力——理论方面和实证方面。理论方面通常会经历从非正式到前正式、半正式再到完全正式的分析模式这样一个发展过程，并在该过程中获得附加的价值。这个过程能够帮助我们把"好理论"和"坏理论"区分开来。尼古拉斯·乔治斯库-罗根对此进行了很巧妙的解释：尽管"科学的目的并不在于预测，而是为了获得关于科学本身的知识"，然而，预测"是衡量科学知识的标准"（Georgescu-Roegen，1971，p. 37）。缺乏预测性内容的潜在理论最终会让步于（被人们放弃）那些经过认真地形式化和实证检验的理论。

理论发展。形式化对于推进研究进程来说非常重要，但是它有时是需要付出代价的。尽管西蒙曾经认为"数学诠释本身就是对理论的实质性贡献……因为它把那些用文字难以表述的复杂现象，用清楚而缜密的数学推理表达出来了"（Simon，1957，p. 89）。他之后还称"数学的贫乏是真正的贫乏，因为没有它就不能向世界展现出想象中的富有"（Simon，1957，p. 90）；但是，还是需要为在数学诠释过程中关键属性被模糊化或者遗漏的可能性做好准备。说到底，这还是一个不成熟的理论。下面是克雷普斯对这个问题的看法（Kreps，1999，p. 122）：

> 如果用信息经济学的概念把市场制和层级制诠释为博弈论，那么这个诠释是站不住脚的。尤其是，基于数学语言的理论难以刻画有限理性这个思想，而这些思想对于交易成本和契约形式来说……是至关重要的。如果仅仅依赖数学语言，那么我们就漏掉了原文中丰富而有价值的思想。

所谓的"企业的产权理论"（property rights theory of the firm）源自桑福德·格罗斯曼和奥利弗·哈特（Sanford Grossman and Oliver Hart，1986），后来被哈特和约翰·穆尔（John Moore）进一步发展（人们因此称之为格罗斯曼-哈特-穆尔模型，即GHM模型）。这个理论和交易成本经济学密切相关但却有很大的不同 [正如一些地方所提到的，比如，威廉姆森（Williamson，1985，1991）]。说二者相同，是因为 GHM 模型是通过不完全契约（由于有限理性）来研究企业生产或购买决策的，单单承诺不能克服非缔约性（由于机会主义），契约双方是相互依赖的（由于资产专用性）。尽管有这些共同点，但企业产权理论和交易成本经济学还是有很大的不同的。

有些不同可以归因于形式化建模的简化。在理想情况下，语言论证的核心特征及其作用机制在形式化过程中变得更精确。企业的产权理论就是这样一个例子，企业产权理论是一个非常重要的智慧成果，它推进了关于不完全契约形式化建模的研究。[①] 然而，正如克雷普斯（Kreps）所认为的，一大部分有价值的东西漏掉了。本着严谨的态度，我关注的是有价值的但被遗漏的部分。

交易成本经济学和 GHM 模型之间最重要的区别在于，前者认为契约执行期间的不适应性是效率低下的首要原因，而后者假设事后不适应性不存在：GHM 模型的研究者们假设事后人们有共识，事后再谈判也是没有成本的。结果是，GHM 模型中所有的低效率都集中在事前对人力资本的投资（而人力资本的投资取决于实物资产的所有权）。[②]

从事后不适应性（包括随着资产专用性情况变化而变化的事后风险和事后交易所受到的干扰）到事前投资扭曲的转变是非常重要的。GHM 模型和数据之间的联系很有限[③]，而交易成本经济学则是一个实证成功的故事（正如下面所讨论的）。（事后）治理和（事前）投资的不

---

① 《经济研究评论》（*Review of Economic Studies*）于 1999 年 1 月发表的文章全都是关于 GHM 模型的最新贡献、批判、反应和拓展。

② 有限理性是以一种非常独特的方式进入 GHM 模型的：不能事先签订完全契约的缔约方却能够预测（取决于状态实现情况）事后将采取哪些决定（Kreps，1999，pp. 123-25）。事实上，GHM 模型构建的是一种选择性完全理性（selective unbounded rationality）模型："并不是所有逻辑上一致的（理论）都是可信的"（Kreps，1999，p. 125）。

③ 和 GHM 模型相关的数据非常少而且不可得，这就解释了为什么一直"没有对 GHM 模型的正式检验"（Hart，1995，p. 49）——虽然"内包制"（inside contracting system）（Buttrick，1952）是一个近似的 GHM 模型（所以，它的失败可以被部分地解释为对 GHM 模型的违背）。

同详见下文：

（1）交易成本经济学在解释两个连续生产阶段（A 和 B）之间的生产或购买决策时，会考量 A 和 B 这两个阶段是应该被分开独立经营，还是应该被统一起来经营。如果是分开经营，那么每个阶段会获得各自的净收益（获得高能激励），但是不适应性问题会在契约执行的过程中产生。如果是统一起来经营，那么两个阶段通过层级制进行协调管理（不适应性问题将得到缓和，但激励弱化并产生额外的官僚主义成本）。相反，GHM 模型看待纵向一体化的时候是有方向性的：是 A 购买 B，还是 B 购买 A？谁买了谁是非常重要的。这是因为在 GHM 模型中的共同所有权（common ownership）并不意味着统一的管理。相反，每个阶段（在所有的情况下：A 和 B 都是独立的情况；A 购买 B；B 购买 A）都将获得自己的净收益。GHM 模型关于统一所有权（一体化）的处理是奇怪的，因为统一所有权通常被认为是实现合作的一种手段。①

（2）交易成本经济学认为每种治理结构——现货市场、不完全长期契约、企业、官僚制等——都是由独特的优缺点组成的综合属性所决定的。具体而言，交易成本经济学认为可替代的治理结构在激励强度、行政控制（包括审计、记账和转让定价）、法庭诉讼和非正式组织上（包括政治活动）都是不同的。GHM 模型则认为激励强度、行政控制和非正式组织不会因所有权变动而发生变化，并且法庭是无关紧要的（因为 GHM 模型假设再谈判没有成本）。因此，在 GHM 模型中，不会产生任何与"选择性干预的不可能性"（impossibility of selective intervention）（Williamson，1985，pp. 135−140）相关的实体资产使用和转让定价扭曲。

（3）交易成本经济学为了将可信承诺注入契约中，研究了各种事后治理机制，并将这些治理机制运用到了其他交易中去。这些治理结构的变体包括混合治理模式（Masten，1996，第三部分）、互换协定和抵押支持交易、工作组织、更一般的劳动和人力资源组织、企业治理、管制（和放松管制）、政府公共部门和项目融资。由于 GHM 模型只是关于产

---

① 在前注里提到的内包制就是不完全契约模型思想的一个体现。

权的模型（Holmstrom，1999），它和上述某些问题没有丝毫关联，又选择性地与另一些问题有关联（Hart，1995；Hart，Shleifer and Vishny，1997）。

然而，GHM模型的提出是具有开创性的贡献，它推动了关于不完全契约的形式化建模的研究。在思想上更接近交易成本经济学的不完全契约模型包括巴贾林和塔德利斯对采购的研究（Bajari and Tadelis，1999），他们研究了固定价格和成本加成契约在激励和事后适应性方面的差别。同时，王苏生和朱天最近发表的论文（Wang and Zhu，2000）应用了"不同的治理结构是通过不同的契约法起作用的"（Williamson，1991）的思想。格罗斯曼和赫尔普曼（Grossman and Helpman，1999）在对生产不同消费品的可替代模式进行评估时认识到，相比市场治理，一体化会带来额外的官僚主义成本。还有很多对不完全契约的实质性研究正在进行，并且在未来还会有更多的发展。[①]

实证。 有些人对预测嗤之以鼻，显然这些人认为预测很简单。并且，既然大家都知道"拿数据说谎很容易"，那么实证检验到底有什么用？我的经验和他们不一样：预测的标准是很难达到的，所以很多潜在的理论还是停留在构想猜测阶段；实证很难，所以很少有预测能够被检验。

然而，好的理论很少在一开始出现的时候就是很完善的，理论和现象之间是互动的关系。正如纽维尔所言（Newell，1990，p. 14）：

> 理论是不断累加的。它们被不断改进、重塑、纠正和扩展。因此，我们所处的并不是波普尔（Popper）的世界……（理论并不会）被荒谬的辩驳所击破……理论更像研究生——入学之后会想尽办法不让他们退学……理论是需要培养、改变和积累的。

显然，"好的但还不完善的思想"就像"好的但还没发展完全的头脑"：二者都是很珍贵的。由于发展是会产生成本的，有前途的理论，

---

① 早期的正式研究（简化模型）——类似于巴贾林和塔德利斯（的研究），可以参见赖尔登和威廉姆森（Riordan and Williamson，1985）。哈特和穆尔最近的论文《论层级制度的设计》（On the Design of Hierarchies）（Hartand Moore，1999a）一文也对组织进行了阐述。

就像有前途的研究生，只有越过了一定的门槛后才会被接纳。一旦被接纳，理论（研究生也一样）就会不断得到塑造，经历从非正式到更正式的发展过程。最后，就如同有前途的研究生一样，我们不会对被看好的理论守住不放：一些学生总是会被退学的，一些理论也总会发展得不好。具体来说，那些套套逻辑的理论或者实际情况和预测数据相悖的理论，必须让位于那些能够被事实验证的理论。

对交易成本经济学的实证应用开始于 20 世纪 80 年代的美国，并从那以后得到了迅猛发展：发表的研究文献已超过 500 篇，它们的作者是来自欧洲、日本、印度、中国、墨西哥、南美洲、澳大利亚、新西兰等的社会学家。研究的发展很可能不会这么顺利，但是理论和实证却表现出了显著的一致性（Masten，1995，p. 14）。近期的实证研究综述来自谢兰斯基和克莱因（Shelanski and Klein，1995）、莱昂斯（Lyons，1996）、克罗克和马斯滕（Crocker and Masten，1996）、瑞德弗雷士和希德（Rindfleisch and Heide，1997）。

这些研究在很大程度上验证了交易成本经济学的预测，同时人们开始怀疑商业契约中风险规避的重要性（Allen and Lueck，1999）。可以肯定地说，交易成本经济学，就像其他学科一样，会从更多更好的实证研究中获益。我毫不犹豫地宣称，新制度经济学是一个实证成功的故事。乔斯科同意我的观点："大致来说，（关于新制度经济学的。——编译者注）这项实证研究比工业组织的实证研究发展得更好"（Joskow，1991，p. 81）。那些从事这项既基础、进展缓慢、烦琐又具有决定性意义研究的人，值得我们大大地称赞。[①]

4. 现象

新制度经济学主要关注的是图 8 所示的社会分析的第 2 层和第 3 层。这两个层级分别是制度环境和治理。它们也覆盖了这两个层级之间

---

① 反复出现的规律是：当契约风险增加的时候，就会出现更复杂的治理模式——双边依赖关系以及契约执行期间所受到的干扰是造成契约风险的主要因素；前者来源于任何形式的资产专用性（实物资产专用性、人力资产专用性、地理位置专用性、专项资产专用性、品牌专用性和时间专用性等）。尽管解决了非缔约性人力资产的投资扭曲，这也不能说明 GHM 模型取得了（与交易成本经济学）相同的实证成功（Whinston，1997；Holmstrom，1999）。

的很多领域。

制度环境——法律、政治组织、司法、官僚体系——的特征对于研究国家发展（North and Weingast，1989）以及其跨时期的、国内外之间的比较，具有至关重要的作用。确实，国家发展研究已经成为一个快速发展的领域，很多与新制度经济学不怎么相关的经济学家对它的发展做出了贡献；但是，需要指出的是，新制度经济学在这个领域也完成了很多开创性的工作。

我想重申一下，对于任何以契约形式出现的或者能够表述为契约形式的问题，从交易费用节约方面研究（这类问题。——编译者注）是可行的。契约问题从一开始就很突出的契约有：关于中间产品、劳动力、最终产品和服务的交易契约，关于土地、设备、楼宇等的租赁、出租或购买契约，以及关于专业服务和婚姻的契约，等等。此外，即使契约特点一开始并没有很明显，很多问题也能够被重新表述，以突出其契约性质，比如债务和股权之间的选择问题、寡头垄断问题①、跨国公司等都是很好的例子（Buckley and Casson，1976；Gatignon and Anderson，1988）。

此外，对许多公共政策问题的研究，共同推动了第 2 层和第 3 层的思考方法的融合。比如，在电信行业私有化的研究领域中，莱维和斯皮勒通过比较契约的视角研究了五个国家的制度环境，在这五个国家中都存在不可信缔约问题（Levy and Spiller，1994，1996）。近期克劳德·梅纳德（Claude Menard）和玛丽·雪莉（Mary Shirley）在对城市自来水系统改良的研究中，也同样明确地指出了所有权并不是决定性的，而需要结合治理机制（也可能没有）进行研究（Menard and Shirley，1999）。再次重申，不可信缔约问题是很重要的，越南的商业契约也存在这个问题（McMillan and Woodruff，1999）。

尽管新制度经济学涉及的范围很广，但它并不是一个万能的框架。

---

① 在各种可能的问题形式中，当它（寡头垄断问题。——编译者注）被表述为"达成并执行卡特尔协定"（cartel agreement）的问题时，它的契约性质就更加明显了（Williamson，1975，第 12 章）。

东欧和苏联进行的经济体制改革就证明了这一点。因此，科斯在其获得诺贝尔经济学奖时的演讲中说道（Coase，1992，p.714）：

> 近期在东欧发生的变革表明，在主流经济学中融入……制度因素的意义重大。当那些东欧国家被建议转入市场经济体制的时候，这些国家的领导人也希望这样做；但是，如果没有合适的制度，任何（可运转的。——编译者注）市场经济都是不可能存在的。如果我们对自己的经济了解得更多，那么我们就能更好地向这些国家提供建议。

两年后，诺斯在发表诺贝尔经济学奖获奖演讲时提出了同样的警告。

"政治组织在很大程度上决定了经济的发展情况，因为这些组织负责经济规则的制定和执行"，因此"发展政策的一个很重要的部分就是建立能产生有效产权的政治组织"。即使我们对这一点很有信心，这里还是有更多的问题："我们对于如何设立这些政治组织知之甚少"（North，1994，p.366）。

然而，正在发生的问题不能被搁置不管，艰难的选择总还是要做的。俄罗斯的经济改革就是这样一个例子。

马克西姆·博克（Maxim Boycko）、安德鲁·施莱弗（Andrei Shleifer）和罗伯特·维什尼（Robert Vishny）觉得有必要为俄罗斯的经济改革提供建议。他们提出，俄罗斯的经济应该进行大规模的快速私有化，并援引了现实政治理论（Realpolitik）和经济学的理论来支撑他们的观点。

"（在俄罗斯）政治对经济产生的影响是经济效率低下的主要原因"，人们对这个观点达成了广泛的一致，于是博克、施莱弗和维什尼（Boycko，Shleifer，and Vishny，1995，p.11）宣称：

> ……改革的最主要目标是……对经济去政治化……私有化促进了去政治化，因为它剥夺了政治家配置商品的机会……私有化的目标在于切断企业管理者和政治家之间的联系……除了私有化，没有其他办法能够实现企业重组和企业的有效运作。

在这场经济改革中，博弈双方分别是政府官僚体系和利益相关者，前者被认为是"不惜一切代价要打败的敌人"，后者包括经理、员工和当地政府。博克等"自始至终地全面地认可了利益相关者们的诉求，于是后者赢得了这些人对私有化的支持"（Boycko，Shleifer，and Vishny，1995，pp. 13-14）。

这份建议进行快速、大规模私有化改革的政治处方，得到了相关的企业经济理论的支撑。具体来讲，它使用了上文所提到的格罗斯曼和哈特对企业产权理论的研究成果（Grossman and Hart，1986），该理论将所有权（ownership）视为一个控制权（control right）体系，对产权（property right）的恰当处理是决定性的（Boycko，Shleifer，and Vishny，1995，p. 13）。一旦将国有企业私有化之后，理论上就该由新的利益相关者（对国有企业）进行有效重组了（Boycko，Shleifer，and Vishny，1995，p. 150）。他们相信船到桥头自然直，在1992年春天开始的大规模私有化于1994年6月结束，并且声称"大获成功"（Boycko，Shleifer，and Vishny，1995，p. 8），那时候俄罗斯三分之二的经济都被私有化了。

如果博克等借鉴了新制度经济学的原理，那么私有化可能会以更谨慎、更具选择性的方式进行，也会更关注实施效果。先考虑关于自然垄断行业的特许经营权竞标的研究文献，在这些文献中，产权理论和治理理论得出的结论是完全不一样的。

如果用产权理论来处理自然垄断问题，就需要进行事前投标竞争，并将服务市场的权力赋予投标最高的那一方（Demsetz，1968；Stigler，1968；Posner，1972）。这个方法很大程度是继承了博克等人的精神，也就是说，资产一旦按照这个方法被私有化了，未来的事情就不用操心了。

如果出现严重的事后执行问题，那么这种乐观的想法是经不起推敲的。在治理理论下，需要先进行比较性的评估，再决定将权力赋予谁。这就需要往前看，并发现事后契约的风险，然后研究出可替代的治理结构的影响（Williamson，1976，pp. 79-91）。由于特许经营权竞标在某

些自然垄断行业中的应用效果比在另一些行业中要好得多（William-
son，1976，pp.102-103），特许权竞标适用于那些能够评估预期净收
益的行业，但是，反之则不适用。看来私有化并不是万能的解决方案
（Goldberg，1976；Priest，1993）。

尽管将整个经济体制私有化比将一个自然垄断行业私有化更复杂，
但关键经验还是可以借鉴的。具体而言，私有化必须跨过事前激励阶
段，也要对可能的事后执行问题进行审视。然后，考虑到不同的风险种
类，还需要有针对性地进行治理。

此外，回想到新制度经济学是在两个层级上发生作用的。在从治理
的层面向制度环境的层面转变时，博弈规则就会被重新考察。莱维和斯
皮勒（Levy and Spiller，1994，1996）在研究了五个国家的电信行业私
有化后，发现进行私有化的决策和私有化的性质取决于司法独立的条件
和性质、司法机构和立法机构之间的权力分配、政府管理部门的能力以
及契约保障。因此，是否要将电信行业私有化，如何将其私有化，都需
要考虑上述几点。

伯纳德·布莱克（Bernard Black）、莱纳·克拉克曼（Reinier
Kraakman）和安娜·塔拉索娃（Anna Tarassova）的论文《俄罗斯的
私有化和企业治理：错误出在哪里?》（Russian Privatization and Corpo-
rate Governance：What Went Wrong）（Black，Kraakman，and Tar-
assova，1999）详细提出：俄罗斯"成功完成了私有化"可谓言之过
早。尽管私有化对小企业来说显然是成功的，但是在大中型企业中则表
现得问题重重，并导致很多腐败现象的出现。如果没有对事前的产权分
析过分依赖，一些问题原本可以通过前瞻性和观察事后执行风险来预见
并避免。如果要对俄罗斯的制度环境缺陷做更深刻的评估，人们的观点
还会更加谨慎（Aslund，1995）。对博弈规则更加敬畏——包括对俄罗
斯法律执行效率的认同——是否会给俄罗斯带来制度上的改进，人们对
此是有争议的。然而，我们可以说俄罗斯经济体制改革会以更稳重、更
谨慎的方式进行。

这并不是说新制度经济学可以把所有事情都做完。博克等做出了伟

大贡献。我的观点是更谨慎的：新制度经济学是具有启发性的，应该被应用于改革计划中。

5. 结束语

新制度经济学是一个思想的熔炉。不仅有很多制度研究项目正在进行，而且它们内部还存在着不同的观点。例如，参照历史，我们看到诺斯（North, 1990）和阿夫纳·格雷夫（Avner Greif, 1999）的研究工作是互补并且独立的。社会嵌入（第1层）是这个过程中重要但是发展还不完善的一部分。而在交易成本经济学内部，我们将治理和度量（measurement，也翻译为"测度"。——编译者注）分开来研究。混合所有制形式（结盟、合资、加盟等）的特点，以及支撑自主企业间可信缔约的机制，对这两者的研究都是不完善的。半正式和正式的不完全契约在很多重要方面是不一样的，尽管彼此之间的差别在缩小。关于自然选择论者、人口生态（population ecology）和个人发展（ontogenetic）的演化经济学正在发展过程中。路径依赖是一个真实而重要的条件，但是人们对它的理解却充满争论。私有化确实有益处，但是这些益处不是在哪里都一样的，需要参照制度环境和治理制度来对它们进行评估。企业可以从技术、契约、能力/知识的视角被描述。尽管进化心理学（evolutionary psychology）有希望解答如何才能最好地描述行为人的问题，但是这个问题目前还没有答案。有些人参照假设的理想情况来评判政治学（North, 1999），其他人则从比较制度的角度评判（Williamson, 1999）。在很大程度上，与效率相关的观点比与权力相关的观点更流行，虽然与权力相关的观点是套套逻辑，但却难以绕过。不管用什么样的视角来看政府官僚机构，人们对它的理解还是很不够。虽然能够达成契约的私人秩序已经取得了很大的进步，但是法律制度还是很重要的，人们对法律制度和私人秩序之间的关系的研究还是不完善的。实证政治理论（positive political theory）在理论方面取得了很大的进展，但是对政治组织的全面理解看起来在近期内不会实现。还有更多的事情要做。

结果是，尽管新制度经济学已经取得了很多成绩，仍然还有很多没有完成的工作，包括对新制度经济学的改进、延伸、新的应用，并提出更多好的想法、进行更多的实证检验、寻找更完善更正式的理论。我的结论是，新制度经济学现在"虽如星火"，但可以得到燎原般的发展。新制度经济学的未来会更好。若如此，夫复何求？

参考文献

Alchian, Armen. 1961. *Some Economics of Property*. RAND Corporation.

Allen, Douglas, and Dean Leuck. 1999. "The Role of Risk in Contract Choice." *J. Law Econ. Org.*, 15: 3, pp. 704-736.

Arrow, Kenneth J. 1971. *Essays in the Theory of Risk-Bearing*. Chicago: Markham.

Arrow, Kenneth, J. 1987. "Reflections on the Essays." In *Arrow and the Foundations of the Theory of Economic Policy*. ed. George Feiwel, pp. 727 - 734. New York: New York University Press.

Arrow, Kenneth, J. 1999. "Foreword." In *Firms*, *Markets and Hierarchies*. eds., Glenn Carroll and David Teece, pp. Ⅶ- Ⅷ. New York: Oxford University Press.

Aslund, Anders. 1995. *How Russia Became a Market Economy*. Washington, DC: Brookings Institution.

Bajari, Patrick and Steven Tadelis. 1999. "Incentives versus Transaction Costs." Unpublished paper, Stanford University.

Banfield, E. C. 1958. *The Moral Basis of a Backward Society*. New York: Free Press.

Barnard, Chester. 1938. *The Functions of the Executive*. Cambridge, MA: Harvard University Press.

Baron, James and David Kreps. 1999. *Strategic Human Resources*. New York: John Wiley & Sons.

Black, Bernard; Reinier Kraakman, and Anna Tarassova. 1999. "Russian Privatization and Corporate Governance: What Went Wrong?"

Unpublished manuscript, Stanford Law School.

Boorstin, Daniel. 1998. *The Seekers*. New York: Random House.

Boycko, Maxim, Andrei Shleifer, and Robert Vishny. 1995. *Privatizing Russia*. Cambridge, MA: MIT Press.

Buckley, Peter and Mark Casson. 1976. *The Future of the Multinational Enterprise*. London: Holmes and Meier.

Buttrick, John. 1952. "The Inside Contracting System." *J. Econ. Hist.*, 12 (3), pp. 205-221.

Coase, Ronald. 1937. "The Nature of the Firm." *Economica*, 4 (6), pp. 386-405.

Coase, Ronald. 1959. "The Federal Communications Commission." *J. Law Econ.*, 2 (2), pp. 1-40.

Coase, Ronald. 1960. "The Problem of Social Cost." *J. Law Econ.*, 3, pp. 1-44.

Coase, Ronald. 1964. "The Regulated Industries: Discussion." *Amer. Econ. Rev.*, 54 (3), pp. 194-197.

Coase, Ronald. 1988. *The Firm, The Market, and The Law*. Chicago: University of Chicago Press.

Coase, Ronald. 1992. "The Institutional Structure of Production." *Amer. Econ. Rev.*, 82 (4), pp. 713-719.

Commons, John R. 1932 - 1933. "The Problems of Correlating Law, Economics and Ethics." *Wisc. Law Rev.*, 8 (1), pp. 3-26.

Crocker, Keith and Scott Masten. 1996. "Regulation and Administered Contracts Revisited: Lessons from Transaction Cost Economics for Public Utility Regulation." *J. Regulatory Econ.*, 9 (1), pp. 5-39.

Dawkins, Richard. 1976. *The Selfish Gene*. New York: Oxford University Press.

Demsetz, Harold. 1967. "Toward a Theory of Property Rights."

Amer. Econ. Rev., 57 (2), pp. 347-359.

Demsetz, Harold. 1968. "Why Regulate Utilities?" *J. Law Econ.*, 11, pp. 55-66.

Demsetz, Harold. 1969. "Information and Efficiency: Another Viewpoint." *J. Law Econ.*, 12 (1), pp. 1-22.

DiMaggio, Paul. 1994. "Culture and Economy." In *The Handbook of Economic Sociology*, eds., Neil Smelser and Richard Swedberg, pp. 27-57. Princeton, NJ: Princeton University Press.

Dixit, Avinash. 1996. *The Making of Economic Policy: A Transaction Cost Politics Perspective*. Cambridge: Cambridge University Press.

Elster, Jon. 1994. "Arguing and Bargaining in Two Constituent Assemblies." Unpublished manuscript.

Fogel, Robert. 1999. "Catching Up with the Economy." *Amer. Econ. Rev.*, 89 (1), pp. 1-21.

Furubotn, Erik and Rudolf Richter. 1991. "The New Institutional Economics: An Assessment." In *The New Institutional Economics*. eds., Furubotn and Richter, College Station, TX: Texas A&M University Press.

Furubotn, Erik and Rudolf Richter. 1997. *Institutions and Economic Theory*. Ann Arbor: University of Michigan Press.

Gatignon, Hubert and Erin Anderson. 1988. "The Multinational Corporation's Degree of Control over Foreign Subsidiaries: An Empirical Test of a Transaction Cost Explanation." *J. Law Econ. Org.*, 4 (2), pp. 305-336.

Georgescu-Roegen, Nicholas. 1971. *The Entropy Law and Economic Process*. Cambridge, MA: Harvard University Press.

Goldberg, Victor. 1976. "Regulation and Administered Contracts." *Bell J. Econ.*, 7 (2), pp. 426-452.

Granovetter, Mark. 1985. "Economic Action and Social Structure: The Problem of Embeddedness." *Amer. J. Sociology*, 91 (3), pp. 481−510.

Greif, Avner. "Impersonal Exchange and the Origin of Markets: From the Community Responsibility System to Individual Legal Responsibility in Pre-Modern Europe." Forthcoming. In *Communities and Markets*. eds., M. Aoki and T. Hayami.

Grossman, Gene, and Elhanan Helpman. 1999. "Incomplete Contracts and Industrial Organization." NBER Working Paper 7303.

Grossman, Sanford and Oliver Hart. 1986. "The Costs and Benefits of Ownership: A Theory of Vertical and Lateral Integration." *J. Polit. Econ.*, 94 (4), pp. 691−719.

Hart, Oliver. 1995. *Firms, Contracts, and Financial Structure*. New York: Oxford University Press.

Hart, Oliver and John Moore. 1999a. "On the Design of Hierarchies." Unpublished paper, Harvard University.

Hart, Oliver and John Moore. 1999b. "Foundations of Incomplete Contract." *Rev. Econ. Stud.*, 66 (1), pp. 115−138.

Hart, Oliver, Andrei Shleifer, and Robert Vishny. 1997. "The Proper Scope of Government: Theory and Application to Prisons." *Quart. J. Econ.*, 112 (4), pp. 1127−1161.

Hayek, Friedrich. 1945. "The Use of Knowledge in Society." *Amer. Econ. Rev.*, 35 (4), pp. 519−530.

Henisz, Witold. 1998. "The Institutional Environment for International Investment." Unpublished Ph. D. dissertation, UC Berkeley.

Holmstrom, Bengt. 1989. "Agency Costs and Innovation." *J. Econ. Behav. Organ.*, 12 (3), pp. 305−327.

Holmstrom, Bengt. 1999. "The Firm as a Subeconomy." *J. Law Econ. Org.*, 15 (1), pp. 74−102.

Holmstrom, Bengt and Paul Milgrom. 1991. "Multi-Task Principal-Agent Analyses: Incentive Contracts, Asset Ownership, and Job Design." *J. Law Econ. Org.*, 7: (Special Issue), pp. 24−52.

Holmstrom, Bengt and Paul Milgrom. 1994. "The Firm as an Incentive System." *Amer. Econ. Rev.*, 84 (4), pp. 972−991.

Huntington, Samuel P. 1996. *The Clash of Civilizations and the Remaking of World Order*. New York: Simon and Schuster.

Joskow, Paul. 1991. "The Role of Transaction Cost Economics in Antitrust and Public Utility Regulatory Policies." *J. Law Econ. Org.*, 7: (Special Issue), pp. 53−83.

Kreps, David M. 1999. "Markets and Hierarchies and (Mathematical) Economic Theory." In *Firms, Markets, and Hierarchies*, eds. Glenn Carroll and David Teece, pp. 125−155. New York: Oxford University Press.

Levy, Brian and Pablo Spiller. 1994. "The Institutional Foundations of Regulatory Commitment." *J. Law Econ. Org.*, 10 (2), pp. 201−246.

Levy, Brian and Pablo Spiller. 1996. *Regulations, Institutions, and Commitment: Comparative Studies of Telecommunications*. New York: Cambridge University Press.

Lyons, Bruce. 1996. "Empirical Relevance of Efficient Contract Theory: Inter-Firm Contracts." *Oxford Rev. Econ. Policy*, 12 (4), pp. 27−52.

Macneil, Ian R. 1974. "The Many Futures of Contracts." *Southern Cal. Law Rev.*, 47 (2), pp. 691−816.

Maskin, Eric and Jean Tirole. 1999. "Unforeseen Contingencies and Incomplete Contracts." *Rev. Econ. Stud.*, 66 (1), pp. 83−114.

Masten, Scott. 1995. "Introduction To Vol. II." In *Transaction Cost Economics*, eds., Oliver Williamson and Scott Masten.

Brookfield, VT: Edward Elgar.

Masten, Scott. 1996. *Case Studies in Contracting and Organization*. New York: Oxford University Press.

Matthews, R. C. O. 1986. "The Economics of Institutions and the Sources of Economic Growth." *Econ. J.*, 96 (4), pp. 903-918.

McMillan, John and Christopher Woodruff. 1999. "Dispute Prevention without Courts in Vietnam." *J. Law Econ. Org.*, 15 (3), pp. 637-658.

Menard, Claude and Mary Shirley. 1999. "Reforming Contractual Arrangements: Lessons from Urban Water Systems in Six Developing Countries." Unpublished manuscript.

Mitchell, W. C. 1945. "The National Bureau's First Quarter-Century," 25th Annual Report, NBER. 612. Also available in *Journal of Economic Literature*, Vol. 38 (September 2000).

Nee, Victor. 1998. "Sources of the New Institutionalism." In *The New Institutionalism in Sociology*, eds., Mary Brinton and Victor Nee, pp. 1-16. New York: Russell Sage.

Newell, Alan. 1990. *Unified Theories of Cognition*. Cambridge, MA: Harvard University Press.

North, Douglass. 1990. "A Transaction Cost Theory of Politics." *J. Theor. Politics*, 2 (4), pp. 355-367.

North, Douglass. 1991. "Institutions." *J. Econ. Perspectives*, 5 (1), pp. 97-112.

North, Douglass. 1994. "Economic Performance through Time." *Amer. Econ. Rev.*, 84 (3), pp. 359-368.

North, Douglas and Barry Weingast. 1989. "Constitutions and Commitment: The Evolution of Institutions Governing Public Choice in 17th Century England." *J. Econ. History*, 49 (4), pp. 803-832.

Olson, Mancur, Jr. 1996. "Big Bills Left on the Sidewalk: Why

Some Nations Are Rich, and Others Are Poor. " *J. Econ. Perspectives*, 10 (2), pp. 3–24.

Pinker, Steven. 1997. *How The Mind Works*. New York: W. W. Norton.

Posner, Richard. 1972. "The Appropriate Scope of Regulation in the Cable Television Industry. " *Bell J. Econ.*, 3 (1), pp. 98–129.

Priest, George. 1993. "The Origins of Utility Regulation and the 'Theories of Regulation' Debate. " *J. Law Econ.*, 36 (1), pp. 289–323.

Putnam, Robert D. , Robert Leonardi, and Raffaella Y. Nanetti. 1993. *Making Democracy Work: Civic Traditions in Modern Italy*. Princeton: Princeton University Press.

Rindfleisch, A. and J. B. Heide. 1997. "Transaction Cost Analysis: Past, Present, and Future Applications. " *J. Marketing*, 61 (4), pp. 30–54.

Riordan, Michael and Oliver Williamson. 1985. "Asset Specificity and Economic Organization. " *Int. J. Industrial Org.*, 3 (3), pp. 365–378.

Rosenberg, Nathan and L. E. Birdzell. 1986. *How the West Grew Rich: The Transformation of the Industrial World*. New York: Basic Books.

Rubinstein, Ariel. 1998. "Review of Herbert Simon, An Empirically Based Microeconomics. " J. Econ. Lit. 37 (4), pp. 1711–1712.

Shelanski, H. A. and P. G. Klein. 1995. "Empirical Research in Transaction Cost Economics—A Review and Assessment. " *J. Law Econ. Org.*, 11 (2), pp. 335–361.

Simon, Herbert. 1957. *Models of Man*. New York: Wiley.

Simon, Herbert. 1985. "Human Nature in Politics: The Dialogue of Psychology with Political Science. " *Amer. Polit. Sci. Rev.*, 79 (2), pp. 293–304.

Smelser, Neil and Richard Swedberg. 1994. "Introduction." In *The Handbook of Economic Sociology*. Princeton: Princeton University Press.

Stigler, George. 1968. *The Organization of Industry*. Homewood, IL: Richard D. Irwin.

Summers, Clyde. 1969. "Collective Agreements and the Law of Contracts." *Yale Law J.*, 78 (4), pp. 525−575.

Wang, Shusheng and Tian Zhu. 2000. "Contract Law and the Boundary of the Firm." Unpublished manuscript, Hong Kong University of Science and Technology.

Whinston, Michael. 1997. "On the Transaction Cost Determinants of Vertical Integration." Unpublished manuscript, Northwestern University.

Williamson, Oliver E. 1975. *Markets and Hierarchies: Analysis and Antitrust Implications*. New York: Free Press.

图书在版编目（CIP）数据

契约、治理与交易成本经济学/（美）奥利弗·E. 威廉姆森著；陈耿宣编译.
--北京：中国人民大学出版社，2020.5
（诺贝尔经济学奖获得者丛书）
书名原文：Contract，Governance and Transaction Cost Economics
"十三五"国家重点出版物出版规划项目
ISBN 978-7-300-28056-1

I. ①契… II. ①奥… ②陈… III. ①新制度经济学-研究 IV. ①F019.8

中国版本图书馆 CIP 数据核字（2020）第 069259 号

"十三五"国家重点出版物出版规划项目
诺贝尔经济学奖获得者丛书
契约、治理与交易成本经济学
奥利弗·E. 威廉姆森　著

陈耿宣　编译
Qiyue、Zhili yu Jiaoyi Chengben Jingjixue

出版发行	中国人民大学出版社		
社　　址	北京中关村大街 31 号	邮政编码	100080
电　　话	010 - 62511242（总编室）	010 - 62511770（质管部）	
	010 - 82501766（邮购部）	010 - 62514148（门市部）	
	010 - 62515195（发行公司）	010 - 62515275（盗版举报）	
网　　址	http://www.crup.com.cn		
经　　销	新华书店		
印　　刷	涿州市星河印刷有限公司		
开　　本	720 mm×1000 mm　1/16	版　次	2020 年 5 月第 1 版
印　　张	13.75 插页 2	印　次	2023 年 12 月第 2 次印刷
字　　数	193 000	定　价	59.00 元